인강 할인 이벤트

맛있는 스쿨 ▶ 단과 강좌 할인 쿠폰

할인 코드 **spkhanyu_lv3**

단과 강좌 할인 쿠폰

20% 할인

할인 쿠폰 사용 안내
1. 맛있는스쿨(cyberjrc.com)에 접속하여 [회원가입] 후 로그인을 합니다.
2. 메뉴中[쿠폰]→하단[쿠폰 등록하기]에 쿠폰번호 입력→[등록]을 클릭하면 쿠폰이 등록됩니다.
3. [단과] 수강 신청 후, [온라인 쿠폰 적용하기]를 클릭하여 등록된 쿠폰을 사용하세요.
4. 결제 후, [나의 강의실]에서 수강합니다.

쿠폰 사용 시 유의 사항
1. 본 쿠폰은 맛있는스쿨 단과 강좌 결제 시에만 사용이 가능합니다.
2. 본 쿠폰은 타 쿠폰과 중복 할인이 되지 않습니다.
3. 교재 환불 시 쿠폰 사용이 불가합니다.
4. 쿠폰 발급 후 60일 내로 사용이 가능합니다.
5. 본 쿠폰의 할인 코드는 1회만 사용이 가능합니다.

*쿠폰 사용 문의 : 카카오톡 채널 @맛있는스쿨

전화 화상 할인 이벤트

맛있는 톡 💬 할인 쿠폰

할인 코드 **jrcphone2qsj**

전화&화상 외국어 할인 쿠폰

10,000원

할인 쿠폰 사용 안내
1. 맛있는톡 전화&화상 중국어(phonejrc.com), 영어(eng.phonejrc.com)에 접속하여 [회원가입] 후 로그인을 합니다.
2. 메뉴中[쿠폰]→하단[쿠폰 등록하기]에 쿠폰번호 입력→[등록]을 클릭하면 쿠폰이 등록됩니다.
3. 전화&화상 외국어 수강 신청 시 [온라인 쿠폰 적용하기]를 클릭하여 등록된 쿠폰을 사용하세요.

쿠폰 사용 시 유의 사항
1. 본 쿠폰은 전화&화상 외국어 결제 시에만 사용이 가능합니다.
2. 본 쿠폰은 타 쿠폰과 중복 할인이 되지 않습니다.
3. 교재 환불 시 쿠폰 사용이 불가합니다.
4. 쿠폰 발급 후 60일 내로 사용이 가능합니다.
5. 본 쿠폰의 할인 코드는 1회만 사용이 가능합니다.

*쿠폰 사용 문의 : 카카오톡 채널 @맛있는스쿨

회화

첫걸음·초급
▶ 중국어 발음과 기본 문형 학습
▶ 중국어 뼈대 문장 학습

초·중급
▶ 핵심 패턴 학습
▶ 언어 4대 영역 종합 학습

맛있는 중국어
Level ❶ 첫걸음

맛있는 중국어
Level ❷ 기초 회화

맛있는 중국어
Level ❸ 초급 패턴1

맛있는 중국어
Level ❹ 초급 패턴2

맛있는 중국어
Level ❺ 스피킹

맛있는 중국어
Level ❻ 중국통

기본서

▶ 재미와 감동, 문화까지 **독해**
▶ 어법과 어감을 통한 **작문**
▶ 60가지 생활 밀착형 회화 **듣기**

▶ 이론과 트레이닝의 결합! **어법**
▶ 듣고 쓰고 말하는 **간체자**

맛있는 중국어 독해 ❶❷   NEW맛있는 중국어 작문 ❶❷   맛있는 중국어 듣기   NEW맛있는 중국어 어법   맛있는 중국어 간체자

비즈니스

▶ 비즈니스 중국어 초보 탈출! **첫걸음**
▶ 중국인 동료와 의사소통이 가능한 **일상 업무편**
▶ 입국부터 출국까지 완벽 가이드! **중국 출장편**
▶ 중국인과의 거래, 이젠 자신만만! **실전 업무편**

맛있는
비즈니스 중국어
Level ❶ 첫걸음

맛있는
비즈니스 중국어
Level ❷ 일상 업무

맛있는
비즈니스 중국어
Level ❸ 중국 출장

맛있는
비즈니스 중국어
Level ❹ 실전 업무

최신개정

스피킹 중국어

JRC 중국어연구소 기획·저

STEP

3

맛있는 books

최신개정 스피킹 **중국어** STEP **3**

제1판 1쇄 발행	2008년 10월 6일
제2판 1쇄 발행	2013년 8월 16일
제3판 1쇄 발행	2023년 3월 10일
제3판 2쇄 발행	2024년 4월 20일

기획·저	JRC 중국어연구소
발행인	김효정
발행처	맛있는books
등록번호	제2006-000273호
편집	최정임
디자인	이솔잎
조판	박정현
제작	박선희
삽화	plug, 정민경
녹음	I 중국어 I 于海峰 I 曹红梅
	I 한국어 I 허강원

주소	서울시 서초구 명달로 54 JRC빌딩 7층
전화	구입문의 02·567·3861 I 02·567·3837
	내용문의 02·567·3860
팩스	02·567·2471
홈페이지	www.booksJRC.com

ISBN	979-11-6148-068-8 14720
	979-11-6148-065-7 (세트)
정가	16,000원

© 맛있는books, 2023

머리말

『최신 개정 **스피킹 중국어**』 시리즈는 첫걸음 수준의 쉬운 회화부터 고급 수준의 세련된 회화까지 중국어 말하기를 제대로 트레이닝 할 수 있도록 총 8권으로 구성되어 있습니다.

『최신 개정 **스피킹 중국어 STEP 3**』은 『NEW 스피킹 중국어 입문』의 개정판으로 내용을 새롭게 업그레이드하여 회화와 어법을 공부한 후에 스피킹 실력을 더욱 탄탄하게 다질 수 있습니다. 또한 정확하고 유창한 중국어 구사와 중국인의 실생활에서 유용하게 활용되는 어휘까지, 다양한 재미를 통해 여러분이 중국어 회화에 자신감을 가질 수 있도록 도와드릴 것입니다.

이 책의 특징은

먼저, **신선한 내용과 구성입니다.** 단순한 회화 패턴의 반복을 탈피하고 실제적인 스피킹 실력 배양에 도움이 되는 내용으로만 구성했습니다. 일상생활에서 접할 수 있는 여러 가지 상황을 통해 초급 회화를 익힐 수 있을 뿐만 아니라, 12과에서 익힌 회화와 어법을 잘 활용하면 초급 수준의 의사소통을 할 수 있습니다.

두 번째, **말하기와 듣기 훈련에 중점을 두었습니다.** 과마다 말하기와 듣기 훈련을 할 수 있도록 코너를 구성하여 원어민과의 스피킹에 자신감이 생길 수 있습니다. 또한 연습 문제를 통해 학습한 내용을 확인하는 동시에 복습이 가능합니다. 중국어 문장을 충분히 말하다 보면 자연스럽게 외우게 되고, 상황에 맞게 활용할 수 있는 '나만의 표현'이 됩니다.

세 번째, **새롭게 복습과와 워크북을 구성하였습니다.** 본책에서는 복습을 추가 구성하여 학습한 내용을 다시 정리하면서 문제 풀이로 복습하고, 별책으로 워크북을 추가하여 다양한 문제를 연습하여 실력을 확인할 수 있습니다.

마지막으로, **다양한 주제의 어휘를 풍부하게 담았습니다.** 일상생활에서 유용하게 활용되는 어휘를 주제별로 사진과 함께 정리하여 중국어 학습의 흥미를 더할 수 있도록 하였습니다. 각 과의 '어휘 PLUS⁺' 코너를 통해 더 재미있게 공부하길 바랍니다.

학습자들이 이 책을 통해 중국어를 쉽게 느끼고 재미있게 학습하여, '중국어 스피킹'에 자신감을 갖고 원하는 목표에 도달하기 바랍니다.

JRC 중국어연구소

차례

학습 내용

이 책의 구성

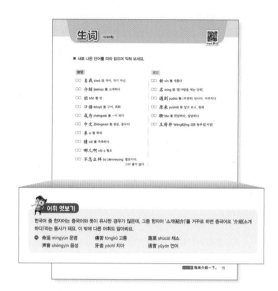

主要句子 key expressions

주요 구문만 암기해도 스피킹 자신감 충전!
각 과의 주요 표현과 어법이 담긴 핵심 문장을
활용도 높은 단어로 교체 연습하며 암기할 수
있어요.

生词 words

단어 암기, 스스로 체크체크!
회화와 본문에 나오는 주요 단어를 한눈에 확인할 수 있어요.

재미있는 이야기로 단어를 쉽게 이해할 수 있어요.

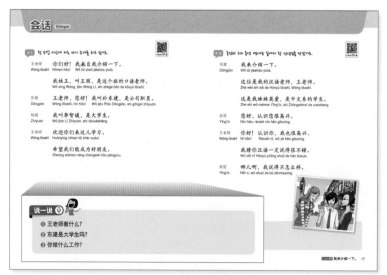

会话 Dialogue

상황별 생생한 회화 마스터!
일상생활의 다양한 주제로 생생한
회화를 만날 수 있어요.

회화의 내용을 바탕으로 한 질문에
대답하고 자유롭게 말해 보세요.

看和说 Watching&Speaking

그림으로 스피킹 트레이닝!

회화에서 배운 주요 표현을 그림을 보면서 말해
보며 스피킹 실력을 키울 수 있어요.

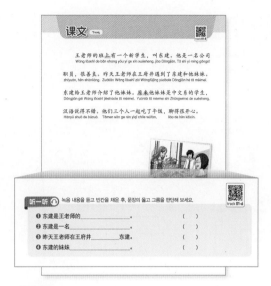

课文 Text

독해의 감각을 기르다!

주인공들의 스토리로 구성된 본문을 큰 소리로 따라 읽으며
독해의 실력을 다질 수 있어요.

听一听 🎧

음원을 들으며 빈칸을 채우면서 본문에서 배운 내용을 다시
한 번 익힐 수 있어요.

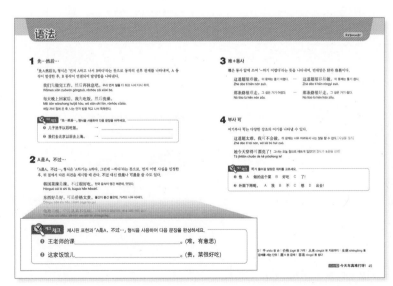

语法 Grammar

핵심 어법 마스터!

스피킹에서 꼭 알아야 하는 핵심 어법
을 쉬운 예문과 함께 정리했어요. 어법
을 학습한 후 「체크체크」 문제로 실력을
다져 보세요!

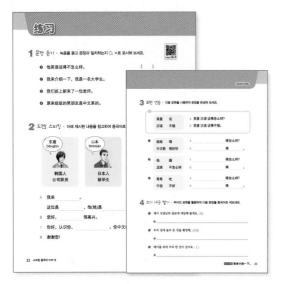

练习 Exercises

실력이 쌓인다!

문장 듣기, 도전! 스피킹, 표현 연습, 쓰기 등 다양한 연습 문제로
학습한 내용을 복습하며 자신의 실력을 다시 한 번 점검할 수 있어요.

어휘 PLUS⁺

주제별 어휘는 필수!

일상생활에서 유용하게 활용되는 어휘를 사진과
함께 익히며 어휘량을 늘릴 수 있어요.

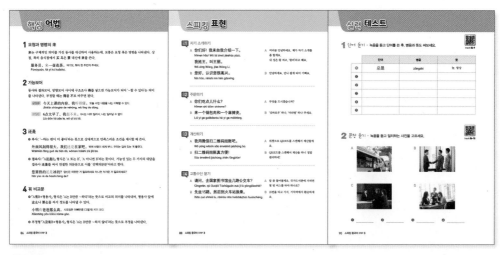

复习

한눈에 요점만 쏙쏙!

앞에서 학습한 주요 내용을 복습하고 문제를 풀어 보며 실력을 다질 수 있어요.

워크북(별책)

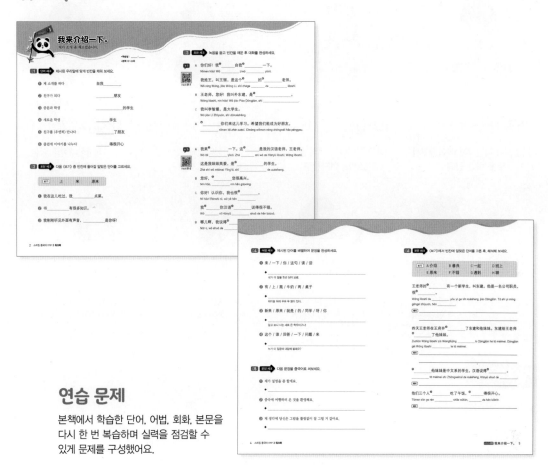

연습 문제

본책에서 학습한 단어, 어법, 회화, 본문을
다시 한 번 복습하며 실력을 점검할 수
있게 문제를 구성했어요.

MP3 파일 사용법

▶ MP3 파일 트랙 번호 보는 방법

과 ─── ┌─── 트랙 번호

track 01-1

▶ MP3 파일 듣는 방법

책 속의 QR코드를 스캔하면 바로 음원을 들을 수 있습니다.

track 01-1

맛있는북스 홈페이지에 로그인한 후 MP3 파일을 다운로드해서 들을 수 있습니다.

이 책의 등장인물

朴东建
Piáo Dōngjiàn

박동건(한국인, 회사원)

대기업에서 파견되어 베이징에서
일을 하고 있음

李智媛
Lǐ Zhìyuán

이지원(한국인, 유학생)

베이징대학교 유학생,
하오민의 여자친구

张浩民
Zhāng Hàomín

장하오민(중국인, 대학생)

베이징대학교 학생,
지원의 남자친구

王小玲
Wáng Xiǎolíng

왕샤오링(중국인, 대학생)

베이징대학교 학생,
지원의 친구

朴英爱
Piáo Yīng'ài

박영애
(한국인, 동건의 여동생)

张文文
Zhāng Wénwén

장원원
(중국인, 하오민의 여동생)

安娜
Ānnà

안나
(미국인, 지원의 룸메이트)

王丽
Wáng Lì

왕리
(중국인, 동건의 중국어 선생님)

일러두기

▶ 품사 약어표

품사명	약어	품사명	약어	품사명	약어
명사	명	고유명사	고유	조동사	조동
동사	동	인칭대명사	대	접속사	접
형용사	형	의문대명사	대	감탄사	감탄
부사	부	지시대명사	대	접두사	접두
수사	수	어기조사	조	접미사	접미
양사	양	동태조사	조	수량사	수량
개사	개	구조조사	조		

▶ 고유명사 표기

중국의 지명, 기관 등의 명칭은 중국어 발음을 우리말로 표기하는 것을 원칙으로 하였고, 인명은 각
나라에서 실제로 읽히는 발음을 한국어로 표기했습니다. 단, 우리에게 한자 독음으로 잘 알려진 고유
명사는 한자 독음으로 표기했습니다.

예 北京 Běijīng 베이징　　安娜 Ānnà 안나　　天安门 Tiān'ānmén 천안문

我来介绍一下。

Wǒ lái jièshào yíxià.

제가 소개 좀 해보겠습니다.

■ 주요 문장을 따라 읽으며 중국어의 뼈대를 다지세요.

01 주어 + 来 + 동사 ~가 ~하다

我来 自我介绍 一下。 Wǒ lái zìwǒ jièshào yíxià.

说明
shuōmíng
설명하다

检查
jiǎnchá
점검하다

02 欢迎你们来… ~하러 오신 것을 환영하다

欢迎你们来 这儿学习。 Huānyíng nǐmen lái zhèr xuéxí.

中国旅游
Zhōngguó lǚyóu
중국을 여행하다

我们公司工作
wǒmen gōngsī gōngzuò
우리 회사에서 일하다

03 我猜… ~라고 추측하다

我猜你 汉语 一定 说 得很不错。 Wǒ cāi nǐ Hànyǔ yídìng shuō de hěn búcuò.

篮球
lánqiú
농구

画儿
huàr
그림

打
dǎ
하다

画
huà
그리다

生词 words

■ 새로 나온 단어를 따라 읽으며 익혀 보세요.

会话

- □□ 自我 zìwǒ 때 자아, 자기 자신
- □□ 介绍 jièshào 통 소개하다
- □□ 班 bān 명 반
- □□ 口语 kǒuyǔ 명 구어, 회화
- □□ 成为 chéngwéi 통 ~이 되다
- □□ 中文 Zhōngwén 명 중문, 중국어
- □□ 系 xì 명 학과
- □□ 猜 cāi 통 추측하다
- □□ 哪儿啊 nǎr a 뭘요
- □□ 不怎么样 bù zěnmeyàng 별로이다, 그리 좋지 않다

课文

- □□ 新 xīn 형 새롭다
- □□ 名 míng 양 명[사람을 세는 단위]
- □□ 遇到 yùdào 통 (우연히) 만나다, 마주치다
- □□ 原来 yuánlái 뿐 알고 보니, 원래
- □□ 聊 liáo 통 한담하다, 잡담하다
- □□ 王府井 Wángfǔjǐng 고유 왕푸징[지명]

 어휘 엿보기

한국어 중 한자어는 중국어와 뜻이 유사한 경우가 많은데, 그중 한자어 '소개(紹介)'를 거꾸로 하면 중국어로 '介绍(소개하다)'라는 동사가 돼요. 이 밖에 다른 어휘도 알아봐요.

예 命运 mìngyùn 운명　　痛苦 tòngkǔ 고통　　蔬菜 shūcài 채소
　　声音 shēngyīn 음성　　牙齿 yáchǐ 치아　　语言 yǔyán 언어

track 01-3

 첫 수업 시간에 서로 자기 소개를 하고 있어요.

王老师 Wáng lǎoshī	你们好! 我来自我介绍一下。 Nǐmen hǎo! Wǒ lái zìwǒ jièshào yíxià.
	我姓王, 叫王丽, 是这个班的口语老师。 Wǒ xìng Wáng, jiào Wáng Lì, shì zhège bān de kǒuyǔ lǎoshī.
东建 Dōngjiàn	王老师, 您好! 我叫朴东建, 是公司职员。 Wáng lǎoshī, nín hǎo! Wǒ jiào Piáo Dōngjiàn, shì gōngsī zhíyuán.
智媛 Zhìyuán	我叫李智媛, 是大学生。 Wǒ jiào Lǐ Zhìyuán, shì dàxuéshēng.
王老师 Wáng lǎoshī	欢迎你们来这儿学习。 Huānyíng nǐmen lái zhèr xuéxí.
	希望我们能成为好朋友。 Xīwàng wǒmen néng chéngwéi hǎo péngyou.

说一说

❶ 王老师教什么?
❷ 东建是大学生吗?
❸ 你做什么工作?

#2 동건과 그의 동생 영애는 길에서 왕 선생님을 만났어요.

track 01-4

东建	我来介绍一下。
Dōngjiàn	Wǒ lái jièshào yíxià.

这位是我的汉语老师，王老师。
Zhè wèi shì wǒ de Hànyǔ lǎoshī, Wáng lǎoshī.

这是我妹妹英爱，是中文系的学生。
Zhè shì wǒ mèimei Yīng'ài, shì Zhōngwénxì de xuésheng.

英爱	您好，认识您很高兴。
Yīng'ài	Nín hǎo, rènshi nín hěn gāoxìng.

王老师	你好！　认识你，我也很高兴。
Wáng lǎoshī	Nǐ hǎo!　　Rènshi nǐ, wǒ yě hěn gāoxìng.

我猜你汉语一定说得很不错。
Wǒ cāi nǐ Hànyǔ yídìng shuō de hěn búcuò.

英爱	哪儿啊，我说得不怎么样。
Yīng'ài	Nǎr a, wǒ shuō de bù zěnmeyàng.

 说一说

❶ 英爱是谁?

❷ 英爱是哪个系的学生?

❸ 你汉语说得怎么样?

■ 그림을 보고 대화를 완성해 보세요.

 예

消防员

我来介绍一下，
Wǒ lái jièshào yíxià,

这位是消防员。
zhè wèi shì xiāofángyuán.

❶ 护士

我来介绍一下，

_____。

❷ 老师

我来介绍一下，

_____。

❸ 空姐

我来介绍一下，

_____。

❹ 棒球运动员

我来介绍一下，

_____。

New 단어 消防员 xiāofángyuán 명 소방관 ┃ 护士 hùshi 명 간호사 ┃ 空姐 kōngjiě 명 스튜어디스 ┃
运动员 yùndòngyuán 명 운동선수

王老师的班上有一个新学生，叫东建。他是一名公司
Wáng lǎoshī de bān shang yǒu yí ge xīn xuésheng, jiào Dōngjiàn. Tā shì yì míng gōngsī

职员，很善良。昨天王老师在王府井遇到了东建和他妹妹。
zhíyuán, hěn shànliáng. Zuótiān Wáng lǎoshī zài Wángfǔjǐng yùdàole Dōngjiàn hé tā mèimei.

东建给王老师介绍了他妹妹。原来他妹妹是中文系的学生，
Dōngjiàn gěi Wáng lǎoshī jièshàole tā mèimei. Yuánlái tā mèimei shì Zhōngwénxì de xuésheng,

汉语说得不错。他们三个人一起吃了午饭，聊得很开心。
Hànyǔ shuō de búcuò. Tāmen sān ge rén yìqǐ chīle wǔfàn,   liáo de hěn kāixīn.

听一听 🎧 녹음 내용을 듣고 빈칸을 채운 후, 문장의 옳고 그름을 판단해 보세요.

track 01-6

❶ 东建是王老师的_____。   (   )

❷ 东建是一名_____。   (   )

❸ 昨天王老师在王府井_____东建。   (   )

❹ 东建的妹妹_____。   (   )

语法

1 주어+来+동사

来는 주어 뒤, 동사 앞에 놓여 어떤 일을 하려고 하는 적극성이나, 주어가 하는 동작을 강조하는 역할을 한다.

> 我在这儿吃过，我来点菜。 여기서 먹은 적 있어서 내가 주문할게.
> Wǒ zài zhèr chīguo, wǒ lái diǎn cài.

> 你来读一下这句话。 네가 이 말을 한번 읽어 보렴.
> Nǐ lái dú yíxià zhè jù huà.

> 谁来回答一下这个问题? 누가 이 질문에 대답해 볼래요?
> Shéi lái huídá yíxià zhège wèntí?

 체크 체크 다음 〈보기〉에 쓰인 来의 용법과 다른 문장을 고르세요.

> [보기] 我来介绍一下儿。

❶ 你学习吧，我来洗衣服。　　❷ 我是去年从中国来的。　　❸ 谁来帮我拿行李?

2 명사+上

上은 명사 뒤에 쓰여 범위나 방면, 어떤 물체의 표면 등 다양한 뜻을 나타낸다.

> 书上有很多知识。 책에는 많은 지식이 있다. [범위]
> Shū shang yǒu hěn duō zhīshi.

> 事实上，每个人都有压力。 사실상 모두에게는 스트레스가 있다. [방면]
> Shìshí shang, měi ge rén dōu yǒu yālì.

> 桌子上有两瓶牛奶。 테이블 위에 우유 두 병이 있다. [표면]
> Zhuōzi shang yǒu liǎng píng niúnǎi.

체크 체크 다음 문장에 쓰인 上의 용법을 쓰세요.

❶ 我们班上有二十三名学生。　　　　　⟶ _____

❷ 手机在书上。　　　　　　　　　　　⟶ _____

3 原来

부사 原来는 '알고 보니'라는 뜻으로 어떤 사실을 알게 되었음을 나타낸다.

原来你就是新来的同学呀! 알고 보니 너는 새로 온 학우이구나!
Yuánlái nǐ jiù shì xīn lái de tóngxué ya!

我刚刚听见外面有声音，原来是你呀!
Wǒ gānggāng tīngjiàn wàimiàn yǒu shēngyīn, yuánlái shì nǐ ya!
내가 방금 밖에서 나는 소리를 들었는데, 알고 보니 너구나!

New 단어 读 dú 동 읽다 | 句 jù 양 마디[말·글의 수를 세는 단위] | 话 huà 명 말 | 回答 huídá 동 대답하다 | 问题 wèntí 명 질문, 문제 | 拿 ná 동 (손에) 들다 | 行李 xíngli 명 짐 | 知识 zhīshi 명 지식 | 事实 shìshí 명 사실 | 呀 ya 조 문장 끝에서 어기를 강조하는 조사 | 声音 shēngyīn 명 음성, 소리

练习

1 문장 듣기 · 녹음을 듣고 문장과 일치하는지 ○, ×로 표시해 보세요.

❶ 他英语说得不怎么样。 （　　）

❷ 我来介绍一下，我是一名大学生。 （　　）

❸ 我们班上新来了一位老师。 （　　）

❹ 原来姐姐的男朋友是中文系的。 （　　）

2 도전! 스피킹 · 아래 제시된 내용을 참고하여 중국어로 자유롭게 말해 보세요.

东建
Dōngjiàn

韩国人
公司职员

山本
Shānběn

日本人
留学生

小玲
Xiǎolíng

中国人
大学生

A　我来_____。

　　这位是_____，他(她)是_____人，是_____。

B　您好，_____很高兴。

C　你好，认识你，_____。你中文说得_____。

B　谢谢您!

New 단어　留学生 liúxuéshēng 명 유학생

3 표현 연습 · 다음 표현을 사용하여 문장을 완성해 보세요.

예

英爱	说	A	英爱 汉语 说得怎么样?
汉语	不错	B	英爱 汉语 说得不错。

❶

姐姐	唱	A	____ ____ ____得怎么样?
中文歌	很好听	B	____ ____得____。

❷

他	踢	A	____ ____ ____得怎么样?
足球	不怎么样	B	____ ____得____。

❸

哥哥	吃	A	____ ____ ____得怎么样?
午饭	不好	B	____ ____得____。

4 쓰기 내공 쌓기 · 주어진 표현을 활용하여 다음 문장을 중국어로 써보세요.

❶ 제가 선생님의 질문에 대답해 볼게요. (来)

➜ _____

❷ 우리 집에 놀러 온 것을 환영해. (欢迎)

➜ _____

❸ 테이블 위에 커피 한 잔이 있어요. (上)

➜ _____

简历
jiǎnlì

이력서

托福 / 托业
tuōfú / tuōyè

토플 / 토익

群面❶
qúnmiàn

단체 면접

研习会
yánxíhuì

워크숍

视频会议
shìpín huìyì

화상 회의

居家办公
jūjiā bàngōng

재택근무

求职
qiúzhí

구직하다

录取
lùqǔ

채용하다

猎头
liètóu

헤드 헌팅

❶ 일반적으로 면접은 面试 miànshì라고 해요.

来一个麻婆豆腐。

Lái yí ge mápó dòufu.

마파두부 하나 주세요.

主要句子 Key Expressions

■ 주요 문장을 따라 읽으며 중국어의 뼈대를 다지세요.

01 来… ~주세요

来 一个麻婆豆腐 。 Lái yí ge mápó dòufu.

一杯冰拿铁
yì bēi bīngnátiě
아이스 라떼 한 잔

一碗米饭
yì wǎn mǐfàn
밥 한 그릇

02 동사 + 得 + 보어 ~할 수 있다[가능성을 말할 때]

咱们 吃 得完吗? Zánmen chī de wán ma?

做
zuò
하다

喝
hē
마시다

03 虽然 A, 但是 B 비록 A하지만, B하다

虽然只 开了半个月 , 但是 客人很多 。 Suīrán zhǐ kāile bàn ge yuè,
dànshì kèrén hěn duō.

学了半年
xuéle bàn nián
반년을 배웠다

吃了一点儿
chīle yìdiǎnr
조금 먹었다

说得很好
shuō de hěn hǎo
말을 잘하다

不饿
bú è
배고프지 않다

生词 words

■ 새로 나온 단어를 따라 읽으며 익혀 보세요.

会话

☐☐ **菜单** càidān 명 메뉴판

☐☐ **麻婆豆腐** mápó dòufu 명 마파두부 [요리명]

☐☐ **放心** fàngxīn 통 안심하다

☐☐ **主食** zhǔshí 명 주식

☐☐ **请客** qǐngkè 통 한턱내다

☐☐ **付** fù 통 지불하다

☐☐ **啦** la 조 了와 啊가 합쳐진 음으로 두 단어의 의미를 다 가짐

☐☐ **买单** mǎidān 통 계산하다

☐☐ **一共** yígòng 부 모두

☐☐ **微信** wēixìn 명 위챗[메신저]

☐☐ **扫** sǎo 통 쓸다

☐☐ **二维码** èrwéimǎ 명 QR코드

☐☐ **结账** jiézhàng 통 계산하다

☐☐ **方便** fāngbiàn 형 편리하다

课文

☐☐ **开** kāi 통 열다, 개업하다

☐☐ **小吃街** xiǎochījiē 먹자골목

☐☐ **虽然…但是…** suīrán…dànshì… 비록 ~하지만 ~하다

☐☐ **只** zhǐ 부 단지, 오로지

☐☐ **客人** kèrén 명 손님

☐☐ **数** shǔ 통 세다, 헤아리다

☐☐ **多** duō 수 ~남짓, ~여

☐☐ **种** zhǒng 양 종류, 가지

☐☐ **全都** quándōu 부 모두

☐☐ **可惜** kěxī 형 아깝다

☐☐ **那么** nàme 대 그렇게, 저렇게

☐☐ **一整天** yì zhěng tiān 하루 종일

 **어휘 엿보기**

请客 외에도 대접하거나 환영하는 의미를 가진 어휘가 있어요!
接风 jiēfēng과 洗尘 xǐchén은 '멀리서 온 사람을 환영하기 위해 대접하다'는 의미로 쓰이는데, 특히 비즈니스 할 때 많이 사용해요.

会话 Dialogue

 동건과 하오민이 식당에서 주문하고 있어요.

服务员 fúwùyuán	这是菜单，你们吃点儿*什么？ Zhè shì càidān, nǐmen chī diǎnr shénme?

浩民 Hàomín	来一个麻婆豆腐、一个锅包肉和一个麻辣烫。 Lái yí ge mápó dòufu、yí ge guōbāoròu hé yí ge málàtàng.

东建 Dōngjiàn	咱们吃得完吗？ Zánmen chī de wán ma?

> **Tip** * 一点儿은 회화에서 자주 一를 생략해요.

浩民 Hàomín	放心，一定吃得完。 Fàngxīn, yídìng chī de wán.

服务员 fúwùyuán	主食要点儿什么？ Zhǔshí yào diǎnr shénme?

浩民 Hàomín	两碗炒饭，再来一瓶啤酒。 Liǎng wǎn chǎofàn, zài lái yì píng píjiǔ.

 说一说

① 东建和浩民点了几个菜？都有什么？

② 浩民觉得他们吃得完吗？

③ 你吃过什么中国菜？

#2 하오민이 계산하고 있어요.

 track 02-4

浩民　　　今天我请客，我来*付钱。
Hàomín　　Jīntiān wǒ qǐngkè, wǒ lái fùqián.

东建　　　那谢谢啦！下次我请你吃韩国菜。
Dōngjiàn　Nà xièxie la! Xià cì wǒ qǐng nǐ chī Hánguó cài.

浩民　　　好啊！服务员，买单。
Hàomín　　Hǎo a! Fúwùyuán, mǎidān.

> **Tip** * 여기서 来는 어떤 일을 하려고 하는 적극성을 나타내요.

服务员　　好的，一共128块。
fúwùyuán　Hǎode, yígòng yìbǎi èrshíbā kuài.

浩民　　　我用微信扫二维码结账吧。
Hàomín　　Wǒ yòng wēixìn sǎo èrwéimǎ jiézhàng ba.

东建　　　扫二维码结账真方便！
Dōngjiàn　Sǎo èrwéimǎ jiézhàng zhēn fāngbiàn!

说一说 🎤

❶ 今天谁请客？

❷ 浩民怎么结账？

❸ 你经常扫二维码买东西吗？

■ 그림을 보고 대화를 완성해 보세요.

예

饺子
碗

A 你们吃点儿什么?
　Nǐmen chī diǎnr shénme?

B <u>来三碗饺子。</u>
　Lái sān wǎn jiǎozi.

❶ 拌饭
　碗

A 你们要点儿什么?

B ＿＿＿＿＿＿＿＿＿＿＿＿＿＿＿。

❷ 可乐
　听

A 您喝什么?

B ＿＿＿＿＿＿＿＿＿＿＿＿＿＿＿。

❸ 包子
　盘

A 你们吃什么?

B ＿＿＿＿＿＿＿＿＿＿＿＿＿＿＿。

❹ 苹果
　斤

A 您买什么?

B ＿＿＿＿＿＿＿＿＿＿＿＿＿＿＿。

New 단어 　拌饭 bànfàn 몡 비빔밥 ｜ 听 tīng 얭 캔, 통[캔이나 깡통에 담긴 물건을 세는 단위] ｜
包子 bāozi 몡 (소가 든) 만두 ｜ 盘 pán 얭 그릇, 판

track 02-5

听说学校附近新开了一条小吃街，东建和智媛昨天晚上
Tīngshuō xuéxiào fùjìn xīn kāile yì tiáo xiǎochījiē, Dōngjiàn hé Zhìyuán zuótiān wǎnshang

去了。这条小吃街虽然只开了半个月，但是客人非常多。
qù le.　Zhè tiáo xiǎochījiē suīrán zhǐ kāile bàn ge yuè,　dànshì kèrén fēicháng duō.

智媛数了数*，这里有五十多种小吃，她全都想尝一尝，可惜
Zhìyuán shǔle shǔ, zhèlǐ yǒu wǔshí duō zhǒng xiǎochī, tā quándōu xiǎng cháng yi cháng,　kěxī

吃不了那么多。东建一整天没吃饭，吃了很多。
chī bu liǎo nàme duō.　Dōngjiàn yì zhěng tiān méi chī fàn, chīle hěn duō.

Tip
* 1음절 동사 중첩형에서 了
는 「A了A」 형식으로 쓰여요.

track 02-6

听一听 🎧 녹음 내용을 듣고 빈칸을 채운 후, 문장의 옳고 그름을 판단해 보세요.

❶ 东建_____去了小吃街。　　　（　　）

❷ 那条小吃街是_____的。　　　　　（　　）

❸ 小吃街的_____。　　　　　　（　　）

❹ 智媛吃了_____小吃。　　　　　　（　　）

语法

1 요청과 명령의 来

来는 구체적인 의미를 가진 동사를 대신하여 사용하는데, 보통은 요청 혹은 명령을 나타낸다. 상점, 특히 음식점에서 买 혹은 要 대신에 来를 쓴다.

> 服务员，来一壶花茶。 여기요, 화차 한 주전자 주세요.
> Fúwùyuán, lái yì hú huāchá.

> 来一瓶啤酒。 맥주 한 병 주세요.
> Lái yì píng píjiǔ.

2 가능보어

❶ 동사와 결과보어, 방향보어 사이에 구조조사 得를 넣으면 가능보어가 되어 '~할 수 있다'는 의미를 나타낸다. 부정할 때는 得를 不로 바꾸면 된다.

> 긍정문 동사 + 得 + 결과보어/방향보어

> 今天上课的内容，我听得懂。 오늘 수업 내용을 나는 이해할 수 있다.
> Jīntiān shàngkè de nèiróng, wǒ tīng de dǒng.

> 부정문 동사 + 不 + 결과보어/방향보어

> 6点太早了，我起不来。 6시는 너무 일러서, 나는 일어날 수 없다.
> Liù diǎn tài zǎo le, wǒ qǐ bu lái.

❷ 정반의문문은 가능보어의 긍정형과 부정형을 병렬하면 된다.

> 这碗饭你吃得完吃不完? 너는 이 밥을 다 먹을 수 있어, 없어?
> Zhè wǎn fàn nǐ chī de wán chī bu wán?

> 已经10年没见面了，你认得出认不出?
> Yǐjīng shí nián méi jiànmiàn le, nǐ rèn de chū rèn bu chū?
> 이미 10년 동안 만나지 못했는데, 넌 알아볼 수 있어, 없어?

❸ 「동사+得了/不了」 형식도 동작의 실현이나 가능을 나타낸다. 이때 了는 liǎo로 발음한다.

> 雨下得太大了，他去得了吗? 비가 많이 오는데, 그가 갈 수 있겠어?
> Yǔ xià de tài dà le, tā qù de liǎo ma?

这件衣服太小了，穿不了。 이 옷은 너무 작아서 입을 수 없다.
Zhè jiàn yīfu tài xiǎo le, chuān bu liǎo.

菜太多了，吃不了。 음식이 너무 많아서 먹을 수 없다.
Cài tài duō le, chī bu liǎo.

체크 체크 제시된 단어를 사용하여 가능보어를 완성하세요.

❶ 外面下雪了，今天_____了。(出，去)

❷ 这个汉字太简单了，我_____。(看，懂)

❸ 电影票已经卖光了，咱们_____了。(买，了)

---

3 虽然…但是…

「虽然A, 但是B」 형식은 '비록 A하지만 B하다'라는 표현이다. 但是 대신 可是나 不过도 자주 쓰인다.

他虽然不太聪明，但是每天努力学习。 그는 비록 똑똑하지는 않지만, 매일 열심히 공부한다.
Tā suīrán bú tài cōngming, dànshì měi tiān nǔlì xuéxí.

他虽然年纪小，不过懂得很多。 그는 비록 나이가 어리지만 아는 게 많다.
Tā suīrán niánjì xiǎo, búguò dǒng de hěn duō.

체크 체크 「虽然…但是…」 형식을 사용하여 두 문장을 연결하세요.

❶ 这件衣服很便宜。这件衣服不好看。

⟶ _____

❷ 我去过北京。我还想去北京。

⟶ _____

New 단어 壶 hú 양 주전자를 세는 단위 | 花茶 huāchá 명 화차 | 内容 nèiróng 명 내용 | 见面 jiànmiàn 동 만나다 |
认 rèn 동 인지하다 | 简单 jiǎndān 형 간단하다 | 光 guāng 형 조금도 남지 않다 | 不过 búguò 접 그런데

track 02-7

1 문장 듣기 · 녹음을 듣고 문장과 일치하는지 ○, ×로 표시해 보세요.

❶ 我点了两个菜和一个主食。 （　　）

❷ 妈妈做了很多菜，我吃不了。 （　　）

❸ 虽然冬天来了，可是还不太冷。 （　　）

❹ 我要用微信结账。 （　　）

2 도전! 스피킹 · 아래 제시된 내용을 참고하여 중국어로 자유롭게 말해 보세요.

菜名	主食	酒水

菜单

锅包肉 30元　　米饭 3元　　啤酒 15元

北京烤鸭 60元　　饺子 15元　　汽水 10元

麻婆豆腐 25元　　油条 5元　　可乐 10元

A 这是菜单，你们吃点儿什么？

B 来一个＿＿＿＿＿、一个＿＿＿＿＿和一个＿＿＿＿＿。

A 主食要点儿什么？

B ＿＿＿＿＿，再来一瓶＿＿＿＿＿。

A 服务员，买单。

B 好的，一共＿＿＿＿＿。

New 단어 菜名 càimíng 뗑 음식명 | 酒水 jiǔshuǐ 뗑 (술이나 사이다와 같은) 음료 |
北京烤鸭 Běijīng kǎoyā 뗑 베이징 오리구이[요리명] | 油条 yóutiáo 뗑 여우탸오 | 汽水 qìshuǐ 뗑 사이다

3 표현 연습 · 다음 표현을 사용하여 문장을 완성해 보세요.

> 예
>
> | 去
了 | A 这个周末你有时间吗？我们去爬山吧！
B 对不起，我周六得上课，去不了。 |

❶
| 吃
完 | A 你怎么不吃了？
B 你做得太多了，我＿＿＿＿＿＿＿＿＿＿。 |

❷
| 喝
了 | A 这个药得喝两天。
B 太苦了，我＿＿＿＿＿＿＿＿＿＿。 |

❸
| 看
懂 | A 这本书你看完了吗？
B 真的很难，我＿＿＿＿＿＿＿＿＿＿。 |

4 쓰기 내공 쌓기 · 주어진 표현을 활용하여 다음 문장을 중국어로 써보세요.

❶ 국수 한 그릇과 맥주 한 캔 주세요. (来)

  ➜ ＿＿＿＿＿＿＿＿＿＿＿＿＿＿＿＿＿＿＿＿＿＿＿＿＿＿＿

❷ 우리 집 근처에 커피숍이 새로 개업했다. (开)

  ➜ ＿＿＿＿＿＿＿＿＿＿＿＿＿＿＿＿＿＿＿＿＿＿＿＿＿＿＿

❸ 비록 여름방학을 했지만, 나는 졸업 시험을 준비해야 한다. (虽然…但是…)

  ➜ ＿＿＿＿＿＿＿＿＿＿＿＿＿＿＿＿＿＿＿＿＿＿＿＿＿＿＿

一次性杯子
yí cì xìng bēizi
일회용 컵

优惠券
yōuhuìquàn
할인권, 쿠폰

随行杯
suíxíngbēi
텀블러

手提杯托
shǒutí bēituō
(컵을 담는) 캐리어

打包
dǎbāo
테이크아웃하다

得来速❶
déláisù
드라이브 스루

外卖软件
wàimài ruǎnjiàn
배달 앱

自助收银
zìzhù shōuyín
셀프 계산

加一份浓缩
jiā yí fèn nóngsuō
샷 추가하다

❶ 중국은 '드라이브 스루' 표현을 브랜드마다 다르게 말해요. 제시된 어휘는 맥도날드 드라이브 스루를 이용할 때 쓰는 표현이지만, 가장 보편적으로 쓰이는 표현이에요. KFC에서는 车速取 chēsùqǔ라고 해요.

今天车真难打呀!

Jīntiān chē zhēn nán dǎ ya!
오늘 차 잡기 정말 어렵네요!

■ 주요 문장을 따라 읽으며 중국어의 뼈대를 다지세요.

01 先 A, 然后 B 먼저 A하고 나서 B하다

先坐 15 路，然后到 火车站 换乘。 Xiān zuò shíwǔ lù, ránhòu dào huǒchēzhàn huànchéng.

120
yāo èr líng
120

258
èr wǔ bā
258

中国银行
Zhōngguó Yínháng
중국은행

动物园
dòngwùyuán
동물원

02 A 是 A, 不过… A하기는 A하다, 그런데 ~하다

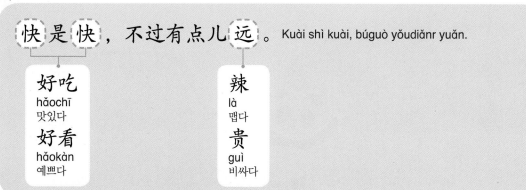

快 是 快，不过有点儿 远。 Kuài shì kuài, búguò yǒudiǎnr yuǎn.

好吃
hǎochī
맛있다

好看
hǎokàn
예쁘다

辣
là
맵다

贵
guì
비싸다

03 难 + 동사 ~하기 어렵다

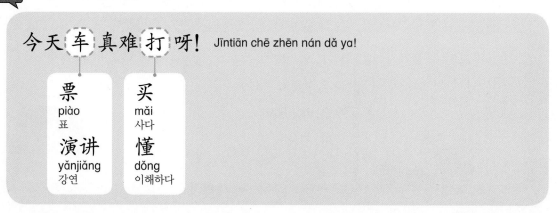

今天 车 真难 打 呀! Jīntiān chē zhēn nán dǎ ya!

票
piào
표

演讲
yǎnjiǎng
강연

买
mǎi
사다

懂
dǒng
이해하다

生词 words

■ 새로 나온 단어를 따라 읽으며 익혀 보세요.

会话

☐☐ **行人** xíngrén 몡 행인

☐☐ **路** lù 몡 (버스의) 노선

☐☐ **公交车** gōngjiāochē 몡 (대중교통) 버스

☐☐ **然后** ránhòu 젭 그런 후에

☐☐ **换乘** huànchéng 통 환승하다

☐☐ **麻烦** máfan 혱 번거롭다, 귀찮다

☐☐ **直达** zhídá 통 곧바로 가다, 직통하다

☐☐ **号线** hàoxiàn 몡 (지하철) 호선

☐☐ **司机** sījī 몡 운전기사

☐☐ **呀** ya 조 문장 끝에서 어기를 강조하는 조사

☐☐ **总是** zǒngshì 뷔 늘, 항상

☐☐ **可** kě 뷔 평서문에서 쓰여 강조를 나타냄

☐☐ **堵** dǔ 통 막히다

☐☐ **长安街** Cháng'ān Jiē 고유 장안로

课文

☐☐ **场** cháng 몡 일의 경과 및 자연 현상 따위의 횟수를 세는 단위

☐☐ **接** jiē 통 맞이하다, 마중하다

☐☐ **决定** juédìng 통 결정하다

 **어휘 엿보기**

麻烦의 麻는 '삼'이나 '마'를 뜻하고 烦은 '번거롭다'는 뜻이에요. 옛날 사람들은 나무를 이용하여 종이를 만들 때, 재료를 채취하고, 말리고, 삶아 찌는 등 크고 작은 72개의 공정을 거쳐야 했는데, 그 처리 절차가 매우 많아서 사람들이 흔히 麻烦이라고 말했다고 해요. 이후 번잡한 일을 할 때마다 麻烦이라는 표현을 사용하게 된 것이죠.

track 03-3

 #1 지원이 도서관에 가려고 대중교통을 알아보고 있어요.

智媛 Zhìyuán	请问，去国家图书馆坐几路公交车？ Qǐngwèn, qù Guójiā Túshūguǎn zuò jǐ lù gōngjiāochē?
行人 xíngrén	先坐15路，然后到火车站换乘。 Xiān zuò shíwǔ lù, ránhòu dào huǒchēzhàn huànchéng.
智媛 Zhìyuán	换乘太麻烦了。有直达的公交车吗？ Huànchéng tài máfan le. Yǒu zhídá de gōngjiāochē ma?
行人 xíngrén	没有。不过坐地铁9号线可以直达。 Méiyǒu. Búguò zuò dìtiě jiǔ hàoxiàn kěyǐ zhídá.
智媛 Zhìyuán	谢谢。坐地铁会快一些吧？ Xièxie. Zuò dìtiě huì kuài yìxiē ba?
行人 xíngrén	快是快，不过地铁站有点儿远。 Kuài shì kuài, búguò dìtiězhàn yǒudiǎnr yuǎn.

你得走十分钟。
Nǐ děi zǒu shí fēnzhōng.

 说一说

1. 去国家图书馆坐几路公交车？
2. 坐地铁几号线可以直达国家图书馆？
3. 请说说你坐什么去学校(公司)。

지원은 택시를 탔어요.

智媛 Zhìyuán	今天车真难打呀*! Jīntiān chē zhēn nán dǎ ya!
司机 sījī	是呀，上班时间总是这样。 Shì ya, shàngbān shíjiān zǒngshì zhèyàng.
智媛 Zhìyuán	从长安街走会快一些吗？ Cóng Cháng'ān Jiē zǒu huì kuài yìxiē ma?
司机 sījī	这可难说。 Zhè kě nán shuō.
	这个时间车堵得很厉害。 Zhège shíjiān chē dǔ de hěn lìhai.
智媛 Zhìyuán	多长时间能到国家图书馆？ Duō cháng shíjiān néng dào Guójiā Túshūguǎn?
司机 sījī	大概二三十分钟*。 Dàgài èr-sānshí fēnzhōng.

> **Tip**
> * 呀는 啊가 앞 음절 운모(a, e, i, o, ü)의 영향을 받아 음이 변한 조사예요.
>
> * 연이은 두 개의 숫자를 나열하면 어림수를 나타낼 수 있어요.
>
> 예 五六岁 5, 6세
> 七八十个学生 70~80명의 학생

说一说 🎤

❶ 上班时间车堵得怎么样？

❷ 走长安街会快一些吗？

❸ 你什么时候打车？

■ 그림을 보고 대화를 완성해 보세요.

예

好看
长

这条裙子好看是好看,
Zhè tiáo qúnzi hǎokàn shì hǎokàn,

不过太长了。
búguò tài cháng le.

❶ 漂亮
贵

1500元

这件衣服＿＿＿＿＿＿＿＿＿＿＿,

不过＿＿＿＿＿＿＿＿＿＿＿。

❷ 有意思
难

汉语＿＿＿＿＿＿＿＿＿＿＿,

不过＿＿＿＿＿＿＿＿＿＿＿。

❸ 好玩儿
累

爬山＿＿＿＿＿＿＿＿＿＿＿,

不过＿＿＿＿＿＿＿＿＿＿＿。

❹ 好
热

今天天气＿＿＿＿＿＿＿＿＿＿＿,

不过＿＿＿＿＿＿＿＿＿＿＿。

今天北京下了第一场雪，天气有点儿冷。智媛要去机场接
Jīntiān Běijīng xiàle dì-yī chǎng xuě, tiānqì yǒudiǎnr lěng.　Zhìyuán yào qù jīchǎng jiē

朋友。机场很远，没有直达的公交车，地铁站又太远了。
péngyou.　Jīchǎng hěn yuǎn, méiyǒu zhídá de gōngjiāochē,　dìtiězhàn yòu tài yuǎn le.

最后她决定打车去。可是现在是上班时间，车很难打，而且
Zuìhòu tā juédìng dǎchē qù.　Kěshì xiànzài shì shàngbān shíjiān, chē hěn nán dǎ,　érqiě

堵得很厉害。智媛觉得坐出租车舒服是舒服，不过也不太
dǔ de hěn lìhai.　Zhìyuán juéde zuò chūzūchē shūfu shì shūfu,　búguò yě bú tài

方便。
fāngbiàn.

听一听 🎧 녹음 내용을 듣고 빈칸을 채운 후, 문장의 옳고 그름을 판단해 보세요.

track 03-6

❶ 今天北京下了＿＿＿＿＿＿＿＿＿＿＿＿。　　　（　　　）

❷ 智媛要去＿＿＿＿＿＿＿＿＿＿＿＿＿＿。　　　（　　　）

❸ 上班时间车＿＿＿＿＿＿＿＿＿＿＿＿。　　　（　　　）

❹ ＿＿＿＿＿＿＿＿＿＿＿＿＿很厉害。　　　（　　　）

语法

1 先…然后…

「先A然后B」 형식은 '먼저 A하고 나서 B하다'라는 뜻으로 동작의 선후 관계를 나타내며, A 동작이 발생한 후, B 동작이 연결되어 발생함을 나타낸다.

我们先做完工作，然后再休息吧。우리 먼저 일을 다 하고 나서 다시 쉬자.
Wǒmen xiān zuòwán gōngzuò, ránhòu zài xiūxi ba.

每天晚上回家后，我先吃饭，然后洗澡。
Měi tiān wǎnshang huíjiā hòu, wǒ xiān chī fàn, ránhòu xǐzǎo.
매일 저녁 집에 온 후, 나는 먼저 밥을 먹고 나서 목욕한다.

> **체크 체크** 「先…然后…」 형식을 사용하여 다음 문장을 바꾸세요.
>
> ❶ 儿子洗手以后吃饭。　　　──▶ _____
>
> ❷ 我们去北京以后去上海。　──▶ _____

2 A是A, 不过…

「A是A, 不过…」 형식은 'A하기는 A하다, 그런데 ~하다'라는 뜻으로, 먼저 어떤 사실을 인정한 후, 뒤 절에서 다른 의견을 제시할 때 쓴다. 不过 대신 但是나 可是를 쓸 수도 있다.

韩国菜辣是辣，不过很好吃。한국 음식이 맵긴 매운데, 맛있다.
Hánguó cài là shì là, búguò hěn hǎochī.

东西好是好，可是价格太贵。물건이 좋긴 좋은데, 가격이 너무 비싸다.
Dōngxi hǎo shì hǎo, kěshì jiàgé tài guì.

他瘦是瘦，但是从来不生病。그가 마르긴 말랐지만, 병에 걸린 적은 없다.
Tā shòu shì shòu, dànshì cónglái bù shēngbìng.

> **체크 체크** 제시된 표현과 「A是A, 不过…」 형식을 사용하여 다음 문장을 완성하세요.
>
> ❶ 王老师的课_____。(难，有意思)
>
> ❷ 这家饭馆儿_____。(贵，菜很好吃)

3 难+동사

难은 동사 앞에 쓰여 '~하기 어렵다'라는 뜻을 나타내며, 반대말은 好와 容易이다.

这道题很难做。 이 문제는 풀기 어렵다.   ↔   这道题很容易做。 이 문제는 풀기 쉽다.
Zhè dào tí hěn nán zuò.   Zhè dào tí hěn róngyì zuò.

那条路很难走。 그 길은 가기 어렵다.   ↔   那条路很好走。 그 길은 가기 쉽다.
Nà tiáo lù hěn nán zǒu.   Nà tiáo lù hěn hǎo zǒu.

4 부사 可

어기부사 可는 다양한 강조의 어기를 나타낼 수 있다.

这道题太难，我可不会做。 이 문제는 너무 어려워서 나는 정말 할 수 없다. [사실을 강조]
Zhè dào tí tài nán, wǒ kě bú huì zuò.

她今天穿得可漂亮了！ 그녀는 오늘 참으로 예쁘게 입었다! [정도가 높음을 강조]
Tā jīntiān chuān de kě piàoliang le!

 체크 체크   可가 들어갈 알맞은 위치를 고르세요.

❶ 他   A   做的这个菜   B   好吃   C   了！

❷ 外面下雨呢，   A   我   B   不   C   想   D   出去！

New 단어 洗澡 xǐzǎo 동 목욕하다 | 手 shǒu 명 손 | 价格 jiàgé 명 가격 | 从来 cónglái 부 지금까지 | 生病 shēngbìng 동 병이 나다 | 道 dào 양 문제를 세는 단위 | 题 tí 명 문제 | 容易 róngyì 형 쉽다

track 03-7

1 문장 듣기 · 녹음을 듣고 문장과 일치하는지 ○, ×로 표시해 보세요.

❶ 先坐地铁，然后换乘公交车去图书馆。　　　　　（　　　）

❷ 地铁快是快，不过地铁站有点儿远。　　　　　（　　　）

❸ 坐出租车去上班可方便了。　　　　　（　　　）

❹ 今天的作业很容易做。　　　　　（　　　）

2 도전! 스피킹 · 아래 제시된 내용을 참고하여 중국어로 자유롭게 말해 보세요.

全程36分钟

🚶🚌　　461　　🚶🚌　　4号线　　🚶

13站 步行592米

◉ 起点 (我的位置)

🚌 461

▼6站 (10分钟)

○ 大学公园站

步行333米 (5分钟)

🚇 大学公园站

4号线

▼7站 (18分钟)

○ 棒球场站

步行179米 (2分钟)

◉ 终点

A　请问，去_____坐几路公交车?

B　先坐_____公交车，

然后到_____

换乘_____。

A　要多长时间?

B　大概_____。

A　谢谢!

New 단어 　全程 quánchéng 뗑 전체의 노정 ｜ 步行 bùxíng 동 걸어서 가다 ｜
起点 qǐdiǎn 뗑 출발점 ｜ 位置 wèizhì 뗑 위치 ｜ 终点 zhōngdiǎn 뗑 종점

3 표현 연습 · 다음 표현을 사용하여 문장을 완성해 보세요.

예

坐公交车
到火车站换乘

先坐公交车，然后到火车站换乘。

❶ 做完作业
看电视

先_____,

然后_____。

❷ 吃完饭
去王府井逛街

先_____,

然后_____。

❸ 学汉语
去中国旅游

先_____,

然后_____。

4 쓰기 내공 쌓기 · 주어진 표현을 활용하여 다음 문장을 중국어로 써보세요.

❶ 너의 이름은 쓰기 어렵구나! (难)

➜ _____

❷ 천안문에 가려면 몇 번 버스를 타요? (路)

➜ _____

❸ 이 신발은 예쁘기는 한데 너무 커. (不过)

➜ _____

track 03-8

检票口
jiǎnpiàokǒu
개찰구

紧急出口❶
jǐnjí chūkǒu
비상구

爱心专座
àixīn zhuānzuò
노약자석

公交刷卡机
gōngjiāo shuākǎjī
버스 카드 단말기

导航
dǎoháng
내비게이션

驾照
jiàzhào
운전면허증

计价器
jìjiàqì
요금 미터기

安全带❷
ānquándài
안전벨트

黑匣子
hēixiázi
블랙박스

---

❶ 같은 의미로 安全出口 ānquán chūkǒu가 있어요.
❷ '안전벨트를 매다'는 系安全带 jì ānquándài, '안전벨트를 풀다'는 解安全带 jiě ānquándài라고 해요.

去邮局怎么走?

Qù yóujú zěnme zǒu?

우체국에 어떻게 가나요?

Grammar

1. 개사 从과 离
2. 多를 사용한 의문문
3. 부사 还是
4. 개사 向

vocabulary

장소 관련 어휘를 알아
봐요.

■ 주요 문장을 따라 읽으며 중국어의 뼈대를 다지세요.

01 A 离 B A는 B에서부터

超市离这儿多远? Chāoshì lí zhèr duō yuǎn?

洗手间
xǐshǒujiān
화장실

体育馆
tǐyùguǎn
체육관

02 还是… ~하는 편이 더 좋다

你还是问问别人吧。 Nǐ háishi wènwen biéren ba.

走着去
zǒuzhe qù
걸어서 가다

留学
liúxué
유학하다

03 向 + 사람 ~에게

她向行人打听怎么去邮局。 Tā xiàng xíngrén dǎting zěnme qù yóujú.

朋友
péngyou
친구

孩子
háizi
아이

打招呼
dǎ zhāohu
인사하다

笑
xiào
웃다

生词 words

■ 새로 나온 단어를 따라 읽으며 익혀 보세요.

会话

☐☐ **一直** yìzhí 🄫 곧바로, 줄곧

☐☐ **十字路口** shízì lùkǒu 🄜 사거리

☐☐ **离** lí 🄚 ~에서, ~로부터

☐☐ **花店** huādiàn 🄜 꽃집

☐☐ **马路** mǎlù 🄜 도로, 큰길

☐☐ **人行横道** rénxíng héngdào 🄜 횡단보도

☐☐ **还是** háishi 🄫 ~하는 편이 더 좋다

☐☐ **别人** biéren 🄞 다른 사람

☐☐ **地下通道** dìxià tōngdào 🄜 지하 통로

课文

☐☐ **寄** jì 🄭 부치다

☐☐ **向** xiàng 🄚 ~을 향하여, ~에게

☐☐ **打听** dǎting 🄭 물어보다

☐☐ **正门** zhèngmén 🄜 정문

☐☐ **运气** yùnqi 🄜 운, 운수

☐☐ **好心** hǎoxīn 🄜 선의, 좋은 마음

 **어휘 엿보기**

路口는 '교차로', '길목'이라는 뜻인데, 十字路口는 십(十)자 모양의 교차로인 '사거리'를 뜻하고, 丁字路口 dīngzì lùkǒu 는 T자 모양의 '삼거리'를 뜻해요. T자형이 아닌 세 갈래로 나뉘어진 삼거리는 三岔路口 sānchà lùkǒu라고 해요.

track 04-3

#1 지원이 행인에게 길을 묻고 있어요.

智媛 Zhìyuán	请问，去邮局怎么走？
	Qǐngwèn, qù yóujú zěnme zǒu?

行人 xíngrén	一直往前走，到第二个十字路口往右拐。
	Yìzhí wǎng qián zǒu, dào dì-èr ge shízì lùkǒu wǎng yòu guǎi.

智媛 Zhìyuán	离这儿多远？
	Lí zhèr duō yuǎn?

行人 xíngrén	大概七八分钟。
	Dàgài qī-bā fēnzhōng.

智媛 Zhìyuán	不好意思，我再问一下儿，附近有花店吗？
	Bù hǎoyìsi, wǒ zài wèn yíxiàr, fùjìn yǒu huādiàn ma?

行人 xíngrén	马路对面有，你得从前面的人行横道过马路。
	Mǎlù duìmiàn yǒu, nǐ děi cóng qiánmiàn de rénxíng héngdào guò mǎlù.

❶ 去邮局怎么走？

❷ 走到邮局大概多长时间？

❸ 不认识路的时候，你会怎么做？

2　지원은 은행을 찾고 있어요.

track 04-4

| 智媛
Zhìyuán | 请问，附近有银行吗？
Qǐngwèn, fùjìn yǒu yínháng ma? |

| 行人1
xíngrén | 我也不知道，你还是问问别人吧。
Wǒ yě bù zhīdào, nǐ háishi wènwen biéren ba. |

지나가는 다른 행인이 지원에게 말을 걸어요.

| 行人2
xíngrén | 我知道，对面就有一家银行。
Wǒ zhīdào, duìmiàn jiù yǒu yì jiā yínháng. |

| 智媛
Zhìyuán | 是吗？ 怎么过马路？
Shì ma?　Zěnme guò mǎlù? |

| 行人2
xíngrén | 你往左走，从地下通道过去吧。
Nǐ wǎng zuǒ zǒu, cóng dìxià tōngdào guòqu ba. |

| 智媛
Zhìyuán | 太谢谢您了！
Tài xièxie nín le! |

 说一说 🎤

① 第一个行人让智媛怎么做？

② 怎么去那家银行？

③ 请说说怎么去你家附近的银行。

■ 그림을 보고 대화를 완성해 보세요.

예

A 黄色的楼多高?
　Huángsè de lóu duō gāo?

B 黄色的楼五十米。
　Huángsè de lóu wǔshí mǐ.

❶

哥哥 1.80m　弟弟 1.75m

A ＿＿＿＿＿＿＿＿＿＿＿＿＿＿？

B 哥哥＿＿＿＿＿＿＿＿＿＿。

❷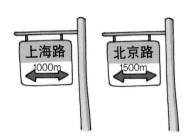

上海路 1000m　北京路 1500m

A ＿＿＿＿＿＿＿＿＿＿＿＿＿＿？

B 北京路＿＿＿＿＿＿＿＿＿＿。

❸

82岁　23岁

A ＿＿＿＿＿＿＿＿＿＿＿＿＿＿？

B 奶奶＿＿＿＿＿＿＿＿＿＿。

❹

公司　地铁站　300m　200m　超市

A ＿＿＿＿＿＿＿＿＿＿＿＿＿＿？

B 超市离地铁站＿＿＿＿＿＿＿＿。

New 단어 黄色 huángsè 몡 노란색 ｜ 楼 lóu 몡 빌딩

课文 Text

track 04-5

智媛想去邮局给姐姐寄结婚礼物。 听说学校附近就有
Zhìyuán xiǎng qù yóujú gěi jiějie jì jiéhūn lǐwù. Tīngshuō xuéxiào fùjìn jiù yǒu

邮局，可是她不知道怎么走。所以她向行人打听怎么去邮局。
yóujú, kěshì tā bù zhīdào zěnme zǒu. Suǒyǐ tā xiàng xíngrén dǎting zěnme qù yóujú.

一个人告诉她，从学校正门一直往前走，到第二个十字路口往
Yí ge rén gàosu tā, cóng xuéxiào zhèngmén yìzhí wǎng qián zǒu, dào dì-èr ge shízì lùkǒu wǎng

右拐。智媛觉得自己今天运气不错，遇到了好心人。
yòu guǎi. Zhìyuán juéde zìjǐ jīntiān yùnqi búcuò, yùdàole hǎoxīn rén.

听一听 🎧 녹음 내용을 듣고 빈칸을 채운 후, 문장의 옳고 그름을 판단해 보세요.

track 04-6

❶ 智媛想给姐姐＿＿＿＿＿＿＿＿＿＿＿＿。　　　　　（　　）

❷ 学校附近＿＿＿＿＿＿＿＿＿＿＿＿。　　　　　　（　　）

❸ 智媛＿＿＿＿＿行人＿＿＿＿＿＿邮局。　　　　（　　）

❹ 智媛觉得今天＿＿＿＿＿＿＿＿＿＿＿。　　　　（　　）

语法

1 개사 从과 离

从은 장소, 시간, 범위 등 출발점 앞에 놓이며, 「从⋯到⋯」 형식으로 범위의 시작과 끝을 나타낸다.

他从公司来补习班学习。 그는 회사에서 학원으로 와서 공부한다.
Tā cóng gōngsī lái bǔxíbān xuéxí.

这个菜，从小孩儿到老人都喜欢。 이 음식은 어린아이부터 노인까지 모두 좋아한다.
Zhège cài, cóng xiǎoháir dào lǎorén dōu xǐhuan.

离는 '~에서', '~로부터'라는 의미로 장소, 시간 등을 나타내는 두 지점 사이의 기준점 앞에 쓰이며, 일반적으로 다른 개사와 함께 쓰지 않는다.

长城离天安门远吗? 만리장성은 천안문에서 멉니까?
Chángchéng lí Tiān'ānmén yuǎn ma?

现在离下课还有五分钟。 지금 수업이 끝나기까지 5분 남았다.
Xiànzài lí xiàkè hái yǒu wǔ fēnzhōng.

 체크 从과 离 중에서 알맞은 것을 써보세요.

❶ _____考试还有一个星期。

❷ _____三点到五点我都在家。

2 多를 사용한 의문문

多는 보통 高(높이), 长(길이), 宽(kuān 넓이), 远(원근), 大(크기), 重(중량) 등 일부 형용사 앞에 쓰여 정도나 수량을 물어볼 수 있다.

火车站离这儿多远? 기차역은 여기에서 얼마나 멀어요?
Huǒchēzhàn lí zhèr duō yuǎn?

那家超市多大? 그 슈퍼마켓은 얼마나 커요?
Nà jiā chāoshì duō dà?

> **Tip**
> 강조할 때를 제외하고는 '多矮(duō ǎi), 多短(duō duǎn), 多窄(duō zhǎi), 多近(duō jìn), 多小, 多轻(duō qīng)'은 잘 쓰지 않아요.

3 부사 还是

❶ '~하는 편이 더 좋다'라는 뜻으로 상대적으로 만족스러운 조건을 제시할 때 쓴다.

外面风刮得很大，我们还是在家吧。밖에 바람이 세게 부니, 우리는 집에 있는 게 좋겠다.
Wàimiàn fēng guā de hěn dà, wǒmen háishi zài jiā ba.

坐地铁更快，咱们还是坐地铁吧。지하철을 타는 게 더 빠르니, 우리는 지하철을 타는 게 좋겠다.
Zuò dìtiě gèng kuài, zánmen háishi zuò dìtiě ba.

❷ '여전히'라는 뜻으로 어떤 동작이나 상태가 그대로 유지됨을 나타낸다.

你还是那么漂亮。너는 여전히 그렇게 예쁘구나.
Nǐ háishi nàme piàoliang.

> **체크 체크** 다음 문장에 쓰인 还是의 뜻을 써보세요.
>
> ❶ 我去过那儿，还是我去吧。 ⟶ _____
>
> ❷ 你身体不舒服，还是在家休息吧。 ⟶ _____
>
> ❸ 几年没见，还是那么瘦。 ⟶ _____

4 개사 向

「向+방위사/장소+동작 동사」 형식으로 '~를 향해 ~하다'라는 의미를 나타내는데, '방위사/장소' 외에 사람을 나타내는 명사나 대명사가 쓰일 수 있다.

那个人向医院走去了。그 사람이 병원으로 향해 갔다.
Nàge rén xiàng yīyuàn zǒuqu le.

他向行人问路。그가 행인에게 길을 물어본다.
Tā xiàng xíngrén wèn lù.

New 단어 补习班 bǔxíbān 몡 학원 | 小孩儿 xiǎoháir 몡 어린아이 | 宽 kuān 혱 넓다 | 矮 ǎi 혱 (키가) 작다, (높이가) 낮다 | 窄 zhǎi 혱 (폭이) 좁다 | 轻 qīng 혱 (중량이) 가볍다 | 刮 guā 동 불다 | 更 gèng 뷔 더욱

练习

track 04-7

1 문장 듣기 · 녹음을 듣고 문장과 일치하는지 ○, ×로 표시해 보세요.

❶ 我向行人打听怎么去银行。　　　　　　（　　）

❷ 我去邮局寄两本书和几件衣服。　　　　（　　）

❸ 从地下通道过去，对面就有一家商店。（　　）

❹ 走十分钟就能到体育馆。　　　　　　　（　　）

2 도전! 스피킹 · 아래 제시된 내용을 참고하여 중국어로 자유롭게 말해 보세요.

A　请问，去＿＿＿＿＿＿怎么走?

B　一直往＿＿＿＿＿，到＿＿＿＿＿＿＿＿＿＿。

A　不好意思，我再问一下儿，附近有＿＿＿＿＿吗?

B　＿＿＿＿＿有，你＿＿＿＿＿吧。

3 표현 연습 · 다음 표현을 사용하여 문장을 완성해 보세요.

예

| 邮局 图书馆 | A 邮局离图书馆多远?
 B 骑车大概两三分钟。 |

❶ 公司 / 你家

A ＿＿＿＿＿＿离＿＿＿＿＿＿多远?

B 坐公交车大概＿＿＿＿＿＿＿＿＿＿＿＿。

❷ 百货商店 / 这儿

A ＿＿＿＿＿＿离＿＿＿＿＿＿多远?

B 打车大概＿＿＿＿＿＿＿＿＿＿＿＿。

❸ 地铁站 / 电影院

A ＿＿＿＿＿＿离＿＿＿＿＿＿多远?

B 走路大概＿＿＿＿＿＿＿＿＿＿＿＿。

4 쓰기 내공 쌓기 · 주어진 표현을 활용하여 다음 문장을 중국어로 써보세요.

❶ 나는 몸이 좋지 않아서, 집에 가서 쉬는 게 좋겠어. (还是)

➜ ＿＿＿＿＿＿＿＿＿＿＿＿＿＿＿＿＿＿＿＿＿＿＿＿＿

❷ 학생 한 명이 나한테 길을 묻는다. (向)

➜ ＿＿＿＿＿＿＿＿＿＿＿＿＿＿＿＿＿＿＿＿＿＿＿＿＿

❸ 나는 우체국에 가서 친구에게 생일 선물을 부쳤다. (寄)

➜ ＿＿＿＿＿＿＿＿＿＿＿＿＿＿＿＿＿＿＿＿＿＿＿＿＿

服装店
fúzhuāngdiàn
옷 가게

电动扶梯
diàndòng fútī
에스컬레이터

电梯
diàntī
엘리베이터

宾馆
bīnguǎn
호텔

美发厅
měifàtīng
미용실

游泳池
yóuyǒngchí
수영장

面包店
miànbāodiàn
빵집

大使馆
dàshǐguǎn
대사관

急诊室
jízhěnshì
응급실

我想找一套房子。

Wǒ xiǎng zhǎo yí tào fángzi.

나는 집을 구하고 싶어요.

■ 주요 문장을 따라 읽으며 중국어의 뼈대를 다지세요.

01 A 没有 B 형용사　A는 B만큼 ~하지 않다

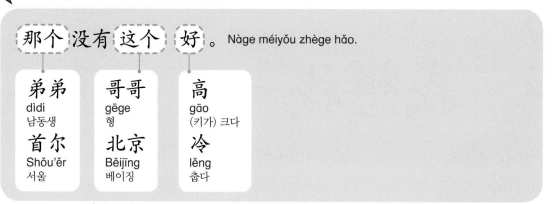

那个 没有 这个 好。　Nàge méiyǒu zhège hǎo.

弟弟	哥哥	高
dìdi	gēge	gāo
남동생	형	(키가) 크다
首尔	北京	冷
Shǒu'ěr	Běijīng	lěng
서울	베이징	춥다

02 A 还是 B　A 아니면 B

你 预订 的是 单人间 还是 双人间 ?　Nǐ yùdìng de shì dānrénjiān háishi shuāngrénjiān?

去	德国	法国
qù	Déguó	Fǎguó
가다	독일	프랑스
买	手机	电脑
mǎi	shǒujī	diànnǎo
사다	핸드폰	컴퓨터

03 为了…　~을 위하여

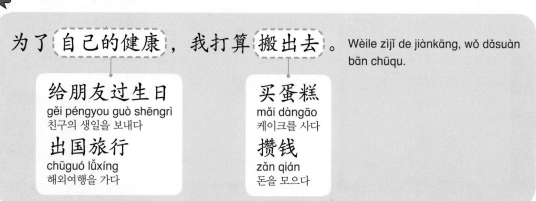

为了 自己的健康 ，我打算 搬出去 。　Wèile zìjǐ de jiànkāng, wǒ dǎsuàn bān chūqu.

给朋友过生日	买蛋糕
gěi péngyou guò shēngrì	mǎi dàngāo
친구의 생일을 보내다	케이크를 사다
出国旅行	攒钱
chūguó lǚxíng	zǎn qián
해외여행을 가다	돈을 모으다

生词 words

■ 새로 나온 단어를 따라 읽으며 익혀 보세요.

会话

☐☐ 中介 zhōngjiè 몡 중개, 중개인

☐☐ 套 tào 양 집을 세는 단위

☐☐ 房子 fángzi 몡 집

☐☐ 合适 héshì 혱 알맞다, 적당하다

☐☐ 正好 zhènghǎo 뷔 마침

☐☐ 押金 yājīn 몡 보증금

☐☐ 租金 zūjīn 몡 임대료, (집)세, 사용료

☐☐ 交通 jiāotōng 몡 교통

☐☐ 考虑 kǎolǜ 동 고려하다

☐☐ 办理 bànlǐ 동 처리하다, (수속을) 밟다

☐☐ 入住 rùzhù 동 체크인하다, 입주하다

☐☐ 网上 wǎngshàng 온라인, 인터넷

☐☐ 预订 yùdìng 동 예약하다

☐☐ 身份证 shēnfènzhèng 몡 신분증

☐☐ 护照 hùzhào 몡 여권

☐☐ 单人间 dānrénjiān 1인실

☐☐ 还是 háishi 접 또는, 아니면

☐☐ 双人间 shuāngrénjiān 2인실

☐☐ 稍 shāo 뷔 약간, 조금

☐☐ 马上 mǎshàng 뷔 곧, 즉시

☐☐ 房卡 fángkǎ 몡 카드 키

课文

☐☐ 室友 shìyǒu 몡 룸메이트

☐☐ 夜猫子 yèmāozi 몡 올빼미, 밤늦도록 자지 않는 사람

☐☐ 白天 báitiān 몡 낮, 대낮

☐☐ 上网 shàngwǎng 동 인터넷에 접속하다

☐☐ 游戏 yóuxì 몡 게임

☐☐ 为了 wèile 개 ~을 위하여, ~을 위해

☐☐ 健康 jiànkāng 몡동 건강(하다)

☐☐ 搬 bān 동 옮기다, 이사하다

☐☐ 通过 tōngguò 개 ~을 통하여

☐☐ 住 zhù 동 살다

☐☐ 宿舍 sùshè 몡 기숙사

☐☐ 更 gèng 뷔 더욱

 어휘 엿보기

夜猫子는 猫头鹰 māotóuyīng '부엉이'를 속칭하는 어휘로 밤늦도록 잠을 자지 않는 야행성인 사람을 뜻해요. 이와 반대로 일찍 자고 일찍 일어나는 '아침형 인간'은 百灵鸟(báilíngniǎo 종달새)라고 해요.

会话 Dialogue

#1 지원이 중개인을 통해 집을 알아보고 있어요.

智媛 Zhìyuán	我想找一套房子，附近有合适的吗？ Wǒ xiǎng zhǎo yí tào fángzi, fùjìn yǒu héshì de ma?

中介 zhōngjiè	正好对面有一套，而且没有押金。 Zhènghǎo duìmiàn yǒu yí tào, érqiě méiyǒu yājīn.

智媛 Zhìyuán	一个月租金多少？ Yí ge yuè zūjīn duōshao?

中介 zhōngjiè	这里交通方便，所以贵一点儿，3000块。 Zhèli jiāotōng fāngbiàn, suǒyǐ guì yìdiǎnr, sānqiān kuài.

智媛 Zhìyuán	有没有便宜点儿的？ Yǒu méiyǒu piányi diǎnr de?

中介 zhōngjiè	有是有，可是那套没有这套好。 Yǒu shì yǒu, kěshì nà tào méiyǒu zhè tào hǎo.

智媛 Zhìyuán	那我再考虑考虑吧。 Nà wǒ zài kǎolǜ kǎolǜ ba.

❶ 对面那套房子有押金吗？

❷ 那套房子租金多少钱？

❸ 你想找什么样的房子？

*什么样 shénmeyàng 대 어떠한

#2 동건이 예약한 호텔에서 체크인을 하고 있어요.

track 05-4

东建 Dōngjiàn	你好，我想办理入住。我在网上预订了。 Nǐ hǎo, wǒ xiǎng bànlǐ rùzhù.　　Wǒ zài wǎngshàng yùdìng le.
服务员 fúwùyuán	您好，请给我您的身份证。 Nín hǎo, qǐng gěi wǒ nín de shēnfènzhèng.
东建 Dōngjiàn	我没有身份证，这是我的护照。 Wǒ méiyǒu shēnfènzhèng, zhè shì wǒ de hùzhào.
服务员 fúwùyuán	您预订的是单人间还是*双人间？ Nín yùdìng de shì dānrénjiān háishi shuāngrénjiān?
东建 Dōngjiàn	我预订的是单人间。 Wǒ yùdìng de shì dānrénjiān.
服务员 fúwùyuán	好的，请稍等一下，马上给您房卡。 Hǎode, qǐng shāo děng yíxià, mǎshàng gěi nín fángkǎ.

> **Tip**
> * 평서문에서 '혹은', '아니면'이라는 의미를 표현할 때는 접속사 或者를 써요.

 说一说 🎤

❶ 东建正在做什么？

❷ 东建预订的是单人间还是双人间？

❸ 你一般预订什么样的酒店？

*酒店 jiǔdiàn 명 호텔

■ 그림을 보고 대화를 완성해 보세요.

예

A 今天有昨天冷吗?
　Jīntiān yǒu zuótiān lěng ma?

B <u>今天没有昨天冷。</u>
　Jīntiān méiyǒu zuótiān lěng.

❶

A 香山有泰山高吗?

B _____。

❷

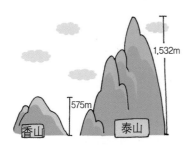

哥哥　42 kg　弟弟　72.7 kg

A 哥哥有弟弟重吗?

B _____。

❸

2300元　3800元

A 那个手机有这个手机贵吗?

B _____。

❹

A 中国菜有韩国菜辣吗?

B _____。

New 단어　香山 Xiāngshān 고유 향산 | 泰山 Tàishān 고유 태산

智媛的室友安娜是个夜猫子。 白天智媛学习的时候，
Zhìyuán de shìyǒu Ānnà shì ge yèmāozi.　　Báitiān Zhìyuán xuéxí de shíhou,

安娜在睡觉。 晚上智媛要睡觉的时候， 安娜上网玩儿游戏。
Ānnà zài shuìjiào.　　Wǎnshang Zhìyuán yào shuìjiào de shíhou, Ānnà shàngwǎng wánr yóuxì.

这让智媛很头疼。 为了自己的健康， 智媛打算搬出去。 今天
Zhè ràng Zhìyuán hěn tóuténg. Wèile zìjǐ de jiànkāng,　　Zhìyuán dǎsuàn bān chūqu.　Jīntiān

她通过中介找到了新房子。 虽然在外边住没有宿舍那么便宜，
tā tōngguò zhōngjiè zhǎodàole xīn fángzi.　　Suīrán zài wàibian zhù méiyǒu sùshè nàme piányi,

可是她觉得一个人住更方便。
kěshì tā juéde yí ge rén zhù gèng fāngbiàn.

听一听 🎧 녹음 내용을 듣고 빈칸을 채운 후, 문장의 옳고 그름을 판단해 보세요.

track 05-6

❶ 安娜早上在宿舍＿＿＿＿＿＿＿＿＿＿。　　　　(　)

❷ 安娜让智媛＿＿＿＿＿＿＿＿＿＿。　　　　(　)

❸ 安娜打算＿＿＿＿＿＿＿＿宿舍去。　　　　(　)

❹ 智媛觉得一个人＿＿＿＿＿＿＿＿＿。　　　　(　)

语法

1 有 비교문

❶ 「A有B+형용사」 형식은 'A는 B만큼 ~하다'라는 뜻으로 비교의 의미를 나타내며, 형용사 앞에 这么나 那么를 써서 정도를 나타낼 수 있다.

小明有爸爸那么高。 샤오밍은 아빠만큼 (그렇게) 키가 크다.
Xiǎomíng yǒu bàba nàme gāo.

你们国家夏天有我们国家热吗? 너희 나라의 여름은 우리나라만큼 더워?
Nǐmen guójiā xiàtiān yǒu wǒmen guójiā rè ma?

❷ 「A没有B+형용사」 형식은 'A는 B만큼 ~하지 않다'라는 뜻으로 부정을 나타낸다.

我的房间没有他的大。 나의 방은 그의 방만큼 크지 않다.
Wǒ de fángjiān méiyǒu tā de dà.

上海菜没有北方菜那么咸。 상하이 음식은 북방 음식만큼 그렇게 짜지 않다.
Shànghǎi cài méiyǒu běifāng cài nàme xián.

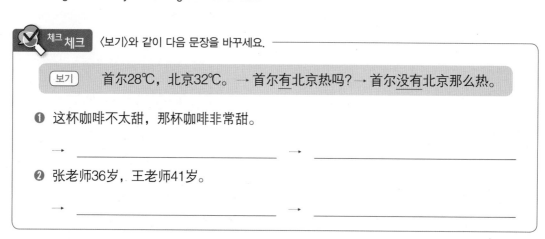

체크체크 〈보기〉와 같이 다음 문장을 바꾸세요.

보기 首尔28℃，北京32℃。 → 首尔有北京热吗? → 首尔没有北京那么热。

❶ 这杯咖啡不太甜，那杯咖啡非常甜。

→ _____ → _____

❷ 张老师36岁，王老师41岁。

→ _____ → _____

2 접속사 还是

「A还是B」형식은 'A 또는 B', 'A 아니면 B'라는 뜻이다. 가능성 있는 두 가지의 대답을 접속사 还是를 써서 연결한 의문문으로 이를 '선택의문문'이라고 한다.

你去还是我去? 네가 갈래 아니면 내가 갈까?
Nǐ qù háishi wǒ qù?

您要热的还是冰的? 당신은 뜨거운 거 필요하세요, 아니면 차가운 거 필요하세요?
Nín yào rè de háishi bīng de?

 다음 〈보기〉에 쓰인 **还是**의 용법과 다른 문장을 고르세요.

> 보기   在这儿吃还是回家吃?

❶ 你要大杯还是小杯?   ❷ 你还是好好儿休息吧。   ❸ 你喜欢还是不喜欢?

3 개사 为了

개사 为了는 '~을 위하여'라는 뜻으로 목적을 나타내고자 할 때 쓰인다.

为了见日本朋友，我请了一天假。 일본 친구를 만나기 위해, 나는 휴가를 하루 냈다.
Wèile jiàn Rìběn péngyou, wǒ qǐngle yìtiān jià.

为了通过这次考试，我每天学习。 이번 시험에 통과하기 위해, 나는 매일 공부했다.
Wèile tōngguò zhè cì kǎoshì, wǒ měi tiān xuéxí.

 为了를 사용하여 문장을 완성하세요.

❶ _____, 我逛了一整天街。
생일 선물을 사기 위해, 나는 종일 쇼핑을 했다.

❷ _____, 他决定不喝酒了。
운전해서 집에 가기 위해, 그는 술을 마시지 않기로 결정했다.

New 단어   冰 bīng 혱 차갑다 | 请假 qǐngjià 동 휴가를 내다

练习

1 문장 듣기 · 녹음을 듣고 문장과 일치하는지 ○, ×로 표시해 보세요.

track 05-7

❶ 租金一个月2000块钱。 ( )

❷ 我为了瘦下来，开始运动了。 ( )

❸ 这条裤子没有那条裙子贵。 ( )

❹ 我预订的是双人间。 ( )

2 도전! 스피킹 · 아래 제시된 내용을 참고하여 중국어로 자유롭게 말해 보세요.

预订成功

订单总价	260元
订单号	202306070608
入住房型	双人间
入住时间	06月07日–06月08日
房间数	1
最晚到店	20:00

A 周末我去旅行。我在网上预订了房间。

B 你预订的是_____还是_____?

A 我预订的是_____。

B 你住几个晚上?

A _____。

B 房费多少钱?

A _____。

New 단어 **成功** chénggōng 图 성공하다 | **订单** dìngdān 圀 주문서 | **总价** zǒngjià 圀 총 가격 | **房型** fángxíng 圀 방 구조 | **房费** fángfèi 圀 숙박비, 집세

3 표현 연습 · 다음 표현을 사용하여 문장을 완성해 보세요.

> 예
>
> 房间
> 单人间
> 双人间
>
> A 您预订的<u>房间</u>是<u>单人间</u>还是<u>双人间</u>？
> B 我预订的是<u>双人间</u>。

❶
电影票
韩国电影
中国电影

A 您预订的＿＿＿＿是＿＿＿＿还是＿＿＿＿？
B 我预订的是＿＿＿＿＿。

❷
飞机票
七点半
九点

A 您预订的＿＿＿＿是＿＿＿＿还是＿＿＿＿？
B 我预订的是＿＿＿＿＿。

4 쓰기 내공 쌓기 · 주어진 표현을 활용하여 다음 문장을 중국어로 써보세요.

❶ 나는 선생님을 통해 일본인 친구 한 명을 사귀었다. (通过)

➜ ＿＿＿＿＿＿＿＿＿＿＿＿＿＿＿＿＿＿＿＿＿＿＿＿＿＿＿＿＿＿

❷ 엄마는 아이의 건강을 위해 맛있는 음식을 만들었다. (为了)

➜ ＿＿＿＿＿＿＿＿＿＿＿＿＿＿＿＿＿＿＿＿＿＿＿＿＿＿＿＿＿＿

❸ 이 핸드폰이 컴퓨터만큼 그렇게 비싸? (有)

➜ ＿＿＿＿＿＿＿＿＿＿＿＿＿＿＿＿＿＿＿＿＿＿＿＿＿＿＿＿＿＿

二手房❶
èrshǒufáng
구축

公寓
gōngyù
아파트

装修
zhuāngxiū
인테리어 공사

客厅
kètīng
거실

厨房
chúfáng
주방

卧室
wòshì
침실

浴室
yùshì
욕실

平台
píngtái
테라스

密码锁
mìmǎsuǒ
디지털 도어락

---

❶ 신축은 新房 xīnfáng이라고 해요.

chapter 06

我被自行车撞了。

Wǒ bèi zìxíngchē zhuàng le.

나는 자전거에 부딪혔어요.

■ 주요 문장을 따라 읽으며 중국어의 뼈대를 다지세요.

01 주어 + 被 + 목적어 + 동사 + 기타성분   ~가 ~에게 ~을 당하다

我 被 自行车 撞 了。 Wǒ bèi zìxíngchē zhuàng le.

| 手提包 shǒutíbāo 핸드백 | 小偷 xiǎotōu 도둑 | 偷 tōu 훔치다 |
| 牛奶 niúnǎi 우유 | 小猫 xiǎomāo 고양이 | 喝 hē 마시다 |

02 连 A 也 B   A조차도 B하다 [강조 표현]

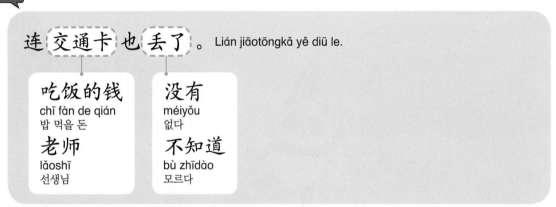

连 交通卡 也 丢了。 Lián jiāotōngkǎ yě diū le.

| 吃饭的钱 chī fàn de qián 밥 먹을 돈 | 没有 méiyǒu 없다 |
| 老师 lǎoshī 선생님 | 不知道 bù zhīdào 모르다 |

03 동사 + 给 + 대상   ~에게 ~해 주다

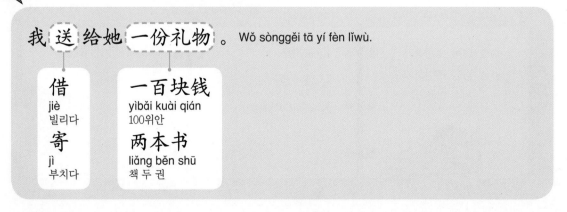

我 送 给她 一份礼物。 Wǒ sònggěi tā yí fèn lǐwù.

| 借 jiè 빌리다 | 一百块钱 yìbǎi kuài qián 100위안 |
| 寄 jì 부치다 | 两本书 liǎng běn shū 책 두 권 |

生词 words

■ 새로 나온 단어를 따라 읽으며 익혀 보세요.

会话

- ☐☐ 脸色 liǎnsè 명 안색
- ☐☐ 提 tí 동 언급하다, 말을 꺼내다
- ☐☐ 刚才 gāngcái 명 방금, 막
- ☐☐ 被 bèi 개 ~에게 ~을 당하다
- ☐☐ 撞 zhuàng 동 부딪치다
- ☐☐ 受伤 shòushāng 동 다치다
- ☐☐ 哭 kū 동 울다
- ☐☐ 女孩儿 nǚháir 명 여자아이
- ☐☐ 倒霉 dǎoméi 형 재수 없다
- ☐☐ 小偷 xiǎotōu 명 도둑
- ☐☐ 偷 tōu 동 훔치다
- ☐☐ 丢 diū 동 잃어버리다
- ☐☐ 张 zhāng 양 편평한 면을 가진 물건을 세는 단위

- ☐☐ 信用卡 xìnyòngkǎ 명 신용 카드
- ☐☐ 连 lián 개 ~조차도
- ☐☐ 交通卡 jiāotōngkǎ 명 교통 카드

课文

- ☐☐ 约 yuē 동 약속하다
- ☐☐ 辆 liàng 양 차량이나 자전거를 세는 단위
- ☐☐ 棒棒糖 bàngbàngtáng 명 막대 사탕
- ☐☐ 足球场 zúqiúchǎng 명 축구장
- ☐☐ 俩 liǎ 수량 두 개, 두 사람
- ☐☐ 真是 zhēnshi 부 정말, 참으로

어휘 엿보기

倒霉의 기원은 동의어 倒楣 dǎoméi의 유래에서 엿볼 수 있어요. 명나라 때에는 급제하기를 바라며 자신의 집 문 앞에 깃대를 세웠는데, 합격하면 그냥 놓아두고, 불합격하면 깃대를 넘어뜨렸다고 해요. 깃대를 넘어뜨리는 것을 倒楣라고 하였고, 楣 méi는 霉 méi와 발음이 비슷하여 장쑤성 저장성 일대의 사람들은 운이 좋지 않거나 불길한 일을 만나면 倒楣 즉, 倒霉라고 말하게 된 것이죠.

会话 Dialogue

#1 하오민이 자전거에 부딪혔다.

东建 你怎么了？脸色不太好。
Dōngjiàn Nǐ zěnme le? Liǎnsè bú tài hǎo.

浩民 别提了*，我刚才被自行车撞了。
Hàomín Bié tí le, wǒ gāngcái bèi zìxíngchē zhuàng le.

东建 什么？受伤了没有？
Dōngjiàn Shénme? Shòushāng le méiyǒu?

浩民 没受伤。不过撞我的人哭了。
Hàomín Méi shòushāng. Búguò zhuàng wǒ de rén kū le.

东建 啊？他为什么哭了？
Dōngjiàn Á? Tā wèishénme kū le?

> **Tip**
> * 别提了는 '말도 마', '무슨 소리야'의 뜻으로 정도가 심한 것을 나타내요.

浩民 她只是一个五岁的小女孩儿。
Hàomín Tā zhǐ shì yí ge wǔ suì de xiǎo nǚháir.

❶ 浩民为什么脸色不太好？

❷ 浩民受伤了吗？

❸ 你哪儿受过伤？怎么受伤的？

#2 동건이 소매치기를 당했다.

东建 Dōngjiàn	我今天也倒霉死了。 Wǒ jīntiān yě dǎoméi sǐ le.
浩民 Hàomín	你遇到什么倒霉事儿了？ Nǐ yùdào shénme dǎoméi shìr le?
东建 Dōngjiàn	我等公交车的时候，钱包被小偷偷了。 Wǒ děng gōngjiāochē de shíhou, qiánbāo bèi xiǎotōu tōu le.
浩民 Hàomín	丢了什么？ Diūle shénme?
东建 Dōngjiàn	一百块钱、两张信用卡，连交通卡也丢了。 Yìbǎi kuài qián、liǎng zhāng xìnyòngkǎ, lián jiāotōngkǎ yě diū le.
浩民 Hàomín	唉，你比我还倒霉！ Ài,　nǐ bǐ wǒ hái dǎoméi!

 说一说

❶ 东建遇到了什么倒霉事儿？

❷ 东建丢了什么？

❸ 你遇到过什么倒霉事儿？

■ 그림을 보고 대화를 완성해 보세요.

예

受伤的人

A 受伤的人怎么样了?
　Shòushāng de rén zěnmeyàng le?

B 她被人送到医院了。
　Tā bèi rén sòngdào yīyuàn le.

❶ 小偷

A ＿＿＿＿＿＿＿＿＿怎么样了?

B ＿＿＿＿＿＿＿＿＿＿＿＿。

❷ 礼物

A ＿＿＿＿＿＿＿＿＿怎么样了?

B ＿＿＿＿＿＿＿＿＿＿＿＿。

❸ 词典

A ＿＿＿＿＿＿＿＿＿怎么样了?

B ＿＿＿＿＿＿＿＿＿＿＿＿。

❹ 自行车

A ＿＿＿＿＿＿＿＿＿怎么样了?

B ＿＿＿＿＿＿＿＿＿＿＿＿。

> **New 단어**　警察 jǐngchá 뗑 경찰 | 抓住 zhuāzhù 붙잡다 | 包好 bāohǎo 잘 싸다 | 词典 cídiǎn 뗑 사전 | 拿走 názǒu 가지고 가다

今天浩民和东建约好了一起踢足球。可是出门的时候，
Jīntiān Hàomín hé Dōngjiàn yuēhǎole yìqǐ tī zúqiú.　　　Kěshì chūmén de shíhou,

浩民被一辆自行车撞了。骑车的是一个小女孩儿，她哭得很
Hàomín bèi yí liàng zìxíngchē zhuàng le. Qí chē de shì yí ge xiǎo nǚháir,　　tā kū de hěn

厉害。浩民没有办法，只好买了棒棒糖送给她。到了足球场，
lìhai.　　Hàomín méiyǒu bànfǎ, zhǐhǎo mǎile bàngbàngtáng sònggěi tā.　　Dàole zúqiúchǎng,

东建告诉浩民他的钱包被偷了。唉，他们俩今天真是倒霉死
Dōngjiàn gàosu Hàomín tā de qiánbāo bèi tōu le.　　Ài,　　tāmen liǎ jīntiān zhēnshi dǎoméi sǐ

了。
le.

听一听 🎧 녹음 내용을 듣고 빈칸을 채운 후, 문장의 옳고 그름을 판단해 보세요.
track 06-6

❶ 浩民和东建_____一起_____。 （　　）

❷ 浩民_____一辆出租车_____。 （　　）

❸ 东建的钱包_____。 （　　）

❹ 他们俩今天_____死了。 （　　）

语法

1 被자문

❶ 피동문은 개사 被를 사용하여, '~에게 ~을 당하다'는 의미로 주로 원하지 않거나 좋지 않은 행위를 당했음을 나타낸다. 이때 주어는 동작을 받는 대상이고 목적어가 동작을 하는 주체임에 주의해야 한다. 피동문의 술어 동사는 기타 성분을 동반한다.

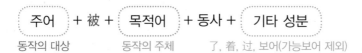

주어 + 被 + 목적어 + 동사 + 기타 성분
동작의 대상   동작의 주체   了, 着, 过, 보어(가능보어 제외)

我被车撞了。 나는 차에 부딪혔다. [기타 성분 → 了]
Wǒ bèi chē zhuàng le.

我的话被王老师听见了。 나의 말을 왕 선생님이 들으셨다. [기타 성분 → 결과보어]
Wǒ de huà bèi Wáng lǎoshī tīngjiàn le.

❷ 동작의 주체가 누구인지 알 수 없는 경우 人을 쓸 수 있고 밝힐 필요가 없을 경우에는 생략할 수 있다.

弟弟被人打伤了。 남동생이 누군가에게 맞았다.
Dìdi bèi rén dǎshāng le.

秘密被发现了。 비밀은 들켰다.
Mìmì bèi fāxiàn le.

> **Tip** 叫와 让도 피동문을 만들 수 있어요. 이때 동작의 주체는 생략할 수 없어요.

❸ 시간부사, 부정부사, 조동사는 被 앞에 위치해야 한다.

电脑已经被修好了。 컴퓨터는 이미 수리되었다.
Diànnǎo yǐjīng bèi xiūhǎo le.

弟弟没被打。 남동생은 맞지 않았다.
Dìdi méi bèi dǎ.

这样做会被别人笑话的。 이렇게 하면 다른 사람에게 비웃음을 당할 거야.
Zhèyàng zuò huì bèi biéren xiàohuà de.

체크체크 다음 문장을 被자문으로 만들어 보세요.

❶ 我打碎了那个杯子。 ⟶ _____

❷ 小猫吃了鱼。 ⟶ _____

2 连…也…

'~조차도 ~하다'라는 뜻으로 문장을 강조할 때 쓰인다. 也 대신 都를 쓸 수 있다.

他起晚了，连早饭也没吃就去上班了。 그는 늦게 일어나서, 아침조차 먹지 않고 출근했다.
Tā qǐwǎn le, lián zǎofàn yě méi chī jiù qù shàngbān le.

连小孩儿也知道这件事儿。 어린아이조차도 이 일을 안다.
Lián xiǎoháir yě zhīdào zhè jiàn shìr.

在国外生活了二十年，他连"你好"都不会说了。
Zài guówài shēnghuóle èrshí nián, tā lián "nǐ hǎo" dōu bú huì shuō le.
외국에서 20년을 생활했으면서, 그는 "안녕하세요"조차도 말하지 못한다.

3 결과보어 给

동사 给가 동사 술어 뒤에 위치하여 「동사+给+대상」 형식으로 쓰이면, '~에게 ~해 주다'라는
뜻으로 물건을 다른 사람에게 건네주는 동작의 완료를 나타낸다. 여기서 给는 동사의 결과보어
역할을 한다.

我送给奶奶一份生日礼物。 나는 할머니께 생일 선물을 보내드렸다.
Wǒ sònggěi nǎinai yí fèn shēngrì lǐwù.

姐姐借给我一万块钱。 언니(누나)가 나에게 만 위안을 빌려 주었다.
Jiějie jiègěi wǒ yíwàn kuài qián.

老师交给我一把钥匙。 선생님이 나에게 열쇠 하나를 건네주셨다.
Lǎoshī jiāogěi wǒ yì bǎ yàoshi.

 체크 체크 给가 들어갈 알맞은 위치를 고르세요.

❶ 你能 A 借 B 我 C 一些钱吗?

❷ 这双鞋 A 是 B 女朋友 C 寄 D 我的。

New 단어 打伤 dǎshāng 맞아서 상처가 나다 | 秘密 mìmì 명 비밀 | 发现 fāxiàn 통 발견하다 | 修 xiū 통 수리하다 |
笑话 xiàohuà 통 비웃다 | 打碎 dǎsuì 통 깨다, 깨트리다 | 鱼 yú 명 물고기 | 件 jiàn 양 일·사건을 세는 단위 |
交 jiāo 통 넘기다, 건네다 | 把 bǎ 양 열쇠를 세는 단위

练习

1 문장 듣기 · 녹음을 듣고 문장과 일치하는지 ○, ×로 표시해 보세요.

❶ 孩子连早饭也没吃。　　　　　　　　　（　　　）

❷ 朋友送给我一辆自行车。　　　　　　　（　　　）

❸ 我被公交车撞了。　　　　　　　　　　（　　　）

❹ 我遇到了一件倒霉事儿。　　　　　　　（　　　）

2 도전! 스피킹 · 아래 제시된 내용을 참고하여 중국어로 자유롭게 말해 보세요.

❶ A 智媛的手提包被谁找到了？

　B ＿＿＿＿＿＿＿＿＿＿＿＿＿＿＿。

❷ A 智媛丢了什么东西？

　B ＿＿＿＿＿＿＿＿＿＿＿＿＿＿＿。

❸ A 什么没被小偷偷走？

　B ＿＿＿＿＿＿＿＿＿＿＿＿＿＿＿。

New 단어　平板电脑 píngbǎn diànnǎo 명 태블릿 PC

3 표현 연습 · 다음 표현을 사용하여 문장을 완성해 보세요.

> **예**
>
> 百货商店一月一日不开门
>
> 一月一日是新年，
> 连百货商店也不开门。

❶ 爱人不知道我的秘密

这是我的秘密，

连＿＿＿＿＿也＿＿＿＿＿＿＿＿。

❷ 这次考试难，老师没得满分

这次考试太难了，

连＿＿＿＿＿也＿＿＿＿＿＿＿＿。

❸ 月底他常常没钱吃饭

到了月底，

他连＿＿＿＿＿也＿＿＿＿＿＿＿＿。

New 단어 新年 xīnnián 몡 새해 | 爱人 àiren 몡 아내 또는 남편 | 得 dé 동 얻다, 획득하다 |
满分 mǎnfēn 몡 만점 | 月底 yuèdǐ 몡 월말

4 쓰기 내공 쌓기 · 주어진 표현을 활용하여 다음 문장을 중국어로 써보세요.

❶ 케이크는 그가 다 먹었다. (被)

➔ ＿＿＿＿＿＿＿＿＿＿＿＿＿＿＿＿＿＿＿＿＿＿＿＿

❷ 나는 친구에게 중국어 책 한 권을 빌려 주었다. (给)

➔ ＿＿＿＿＿＿＿＿＿＿＿＿＿＿＿＿＿＿＿＿＿＿＿＿

❸ 나는 친구와 같이 영화 보기로 약속했다. (约)

➔ ＿＿＿＿＿＿＿＿＿＿＿＿＿＿＿＿＿＿＿＿＿＿＿＿

어휘 PLUS+ 질병

鼻炎
bíyán
비염

特应性皮炎❶
tèyìngxìng píyán
아토피

消化不良
xiāohuà bùliáng
소화 불량

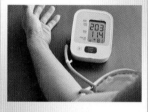

高血压
gāoxuèyā
고혈압

糖尿病
tángniàobìng
당뇨병

癌症
áizhèng
암

手消毒液
shǒu xiāodúyè
손 소독제

脑梗
nǎogěng
뇌경색

戴口罩
dài kǒuzhào
마스크를 쓰다

❶ 의학 용어로는 特应性 tèyìngxìng '아토피성(체질)'이라고 해요.

复习

fùxí

chapter 01-06의
주요 학습 내용 체크

핵심 어법

1 요청과 명령의 来

来는 구체적인 의미를 가진 동사를 대신하여 사용하는데, 보통은 요청 혹은 명령을 나타낸다. 상점, 특히 음식점에서 买 혹은 要 대신에 来를 쓴다.

服务员，来一壶花茶。 여기요, 화차 한 주전자 주세요.
Fúwùyuán, lái yì hú huāchá.

2 가능보어

동사와 결과보어, 방향보어 사이에 구조조사 得를 넣으면 가능보어가 되어 '~할 수 있다'는 의미를 나타낸다. 부정할 때는 得를 不로 바꾸면 된다.

> 긍정문 今天上课的内容，我听得懂。 오늘 수업 내용을 나는 이해할 수 있다.
> Jīntiān shàngkè de nèiróng, wǒ tīng de dǒng.

> 부정문 6点太早了，我起不来。 6시는 너무 일러서, 나는 일어날 수 없다.
> Liù diǎn tài zǎo le, wǒ qǐ bù lái.

3 还是

❶ 부사: '~하는 편이 더 좋다'라는 뜻으로 상대적으로 만족스러운 조건을 제시할 때 쓴다.

外面风刮得很大，我们还是在家吧。 밖에 바람이 세게 부니, 우리는 집에 있는 게 좋겠다.
Wàimiàn fēng guā de hěn dà, wǒmen háishi zài jiā ba.

❷ 접속사: 「A还是B」 형식은 'A 또는 B', 'A 아니면 B'라는 뜻이다. 가능성 있는 두 가지의 대답을 접속사 还是를 써서 연결한 의문문으로 이를 '선택의문문'이라고 한다.

您要热的还是冰的? 당신은 따뜻한 거 필요하세요 아니면 차가운 거 필요하세요?
Nín yào rè de háishi bīng de?

4 有 비교문

❶ 「A有B+형용사」 형식은 'A는 B만큼 ~하다'라는 뜻으로 비교의 의미를 나타내며, 형용사 앞에 这么나 那么를 써서 정도를 나타낼 수 있다.

小明有爸爸那么高。 샤오밍은 아빠만큼 (그렇게) 키가 크다.
Xiǎomíng yǒu bàba nàme gāo.

❷ 부정형 「A没有B+형용사」 형식은 'A는 B만큼 ~하지 않다'라는 뜻으로 부정을 나타낸다.

上海菜没有北方菜那么咸。 상하이 음식은 북방 음식만큼 그렇게 짜지 않다.
Shànghǎi cài méiyǒu běifāng cài nàme xián.

5 被자문

❶ 피동문은 개사 被를 사용하여 '~에게 ~을 당하다'는 의미로 주로 원하지 않거나 좋지 않은 행위를 당했음을 나타낸다. 이때 주어는 동작을 받는 대상이고 목적어가 동작을 하는 주체이며, 피동문의 술어 동사는 기타 성분을 동반한다.

주어 + 被 + 목적어 + 동사 + 기타 성분
동작의 대상　　　동작의 주체　　　了, 着, 过, 보어(가능보어 제외)

我被车撞了。 나는 차에 부딪혔다. [기타 성분 → 了]
Wǒ bèi chē zhuàng le.

❷ 시간부사, 부정부사, 조동사는 被 앞에 위치해야 한다.

电脑已经被修好了。 컴퓨터는 이미 수리되었다.
Diànnǎo yǐjīng bèi xiūhǎo le.

6 주요 구문 ①

❶ 虽然…但是… : 비록 ~하지만 ~하다

他虽然不太聪明，但是每天努力学习。 그는 비록 똑똑하지는 않지만, 매일 열심히 공부한다.
Tā suīrán bú tài cōngming, dànshì měi tiān nǔlì xuéxí.

❷ 先…然后… : 먼저 ~하고 나서 ~하다

我们先做完工作，然后再休息吧。 우리 먼저 일을 다 하고 나서 다시 쉬자.
Wǒmen xiān zuòwán gōngzuò, ránhòu zài xiūxi ba.

❸ A是A，不过… : A하기는 A하다, 그런데 ~하다

韩国菜辣是辣，不过很好吃。 한국 음식이 맵긴 매운데, 맛있다.
Hánguó cài là shì là, búguò hěn hǎochī.

❹ 连…也… : ~조차도 ~하다

他起晚了，连早饭也没吃就去上班了。 그는 늦게 일어나서, 아침조차 먹지 않고 출근했다.
Tā qǐwǎn le, lián zǎofàn yě méi chī jiù qù shàngbān le.

스피킹 표현

01 자기 소개하기

A 你们好! 我来自我介绍一下。
Nǐmen hǎo! Wǒ lái zìwǒ jièshào yíxià.

我姓王，叫王丽。
Wǒ xìng Wáng, jiào Wáng Lì.

B 您好，认识您很高兴。
Nín hǎo, rènshi nín hěn gāoxìng.

A 여러분 안녕하세요. 제가 자기 소개를
좀 할게요.
내 성은 왕 씨고, '왕리'라고 해요.

B 안녕하세요. 만나 뵙게 되어 기뻐요.

02 주문하기

A 你们吃点儿什么?
Nǐmen chī diǎnr shénme?

B 来一个锅包肉和一个麻辣烫。
Lái yí ge guōbāoròu hé yí ge málàtàng.

A 무엇을 드시겠습니까?

B '궈바로우' 하나, '마라탕' 하나 주세요.

03 계산하기

A 我用微信扫二维码结账吧。
Wǒ yòng wēixìn sǎo èrwéimǎ jiézhàng ba.

B 扫二维码结账真方便!
Sǎo èrwéimǎ jiézhàng zhēn fāngbiàn!

A 위챗으로 QR코드를 스캔해서 계산할게
요.

B QR코드를 스캔해서 계산을 하니 정말
편리하네!

04 교통수단 묻기

A 请问，去国家图书馆坐几路公交车?
Qǐngwèn, qù Guójiā Túshūguǎn zuò jǐ lù gōngjiāochē?

B 先坐15路，然后到火车站换乘。
Xiān zuò shíwǔ lù, ránhòu dào huǒchēzhàn huànchéng.

A 말 좀 물어볼게요, 국가도서관에 가려면
몇 번 버스를 타야 하나요?

B 15번을 타고 가서, 기차역에서 환승하세
요.

05 길 묻기

A 请问，去邮局怎么走？离这儿多远？
Qǐngwèn, qù yóujú zěnme zǒu? Lí zhèr duō yuǎn?

A 말 좀 물어볼게요. 우체국에 어떻게 가
나요? 여기에서 얼마나 멀어요?

B 一直往前走。大概七八分钟。
Yìzhí wǎng qián zǒu. Dàgài qī-bā fēnzhōng.

B 앞으로 쭉 가세요. 대략 7~8분 걸려요.

06 집 구하기

A 有没有租金便宜点儿的？
Yǒu méiyǒu zūjīn piányi diǎnr de?

A 임대료가 좀 싼 것은 없나요?

B 有是有，可是那套没有这套好。
Yǒu shì yǒu, kěshì nà tào méiyǒu zhè tào hǎo.

B 있긴 있는데, 그 집은 이 집만큼 좋지는
않아요.

07 체크인하기

A 你好，我想办理入住。
Nǐ hǎo, wǒ xiǎng bànlǐ rùzhù.

我在网上预订了。
Wǒ zài wǎngshàng yùdìng le.

A 안녕하세요. 체크인하려고 합니다.
인터넷으로 예약했어요.

B 您预订的是单人间还是双人间？
Nín yùdìng de shì dānrénjiān háishi shuāngrénjiān?

B 1인실을 예약하셨나요, 아니면 2인실을
예약하셨나요?

A 我预订的是单人间。
Wǒ yùdìng de shì dānrénjiān.

A 1인실을 예약했어요.

08 피동 표현하기

A 我的钱包被小偷偷了。
Wǒ de qiánbāo bèi xiǎotōu tōu le.

A 도둑이 내 지갑을 훔쳐 갔어.

B 丢了什么？
Diūle shénme?

B 무엇을 잃어버렸는데?

A 两张信用卡，连交通卡也丢了。
Liǎng zhāng xìnyòngkǎ, lián jiāotōngkǎ yě diū le.

A 신용 카드 2장, 심지어 교통 카드까지
잃어버렸어.

실력 테스트

1 단어 듣기 · 녹음을 듣고 단어를 쓴 후, 병음과 뜻도 써보세요.

track 06-9

	단어	병음	뜻
예	总是	zǒngshì	늘, 항상
❶			
❷			
❸			
❹			
❺			

2 문장 듣기 · 녹음을 듣고 일치하는 사진을 고르세요.

track 06-10

A

B

C

D

❶ _____ ❷ _____ ❸ _____ ❹ _____

3 어법 · 다음 〈보기〉 중 빈칸에 들어갈 알맞은 단어를 고르세요.

> 보기   可   离   连   被

❶ 这道题很难做，我_____不会做。

❷ A 地铁站_____这儿多远？

  B 大概十分钟。

❸ _____儿子也知道这件事儿。

❹ 电视已经_____修好了。

4 독해 · 다음 〈보기〉 중 제시된 문장에 상응하는 문장을 고르세요.

> 보기   A 一直往前走，到十字路口往右拐。
> B 好看是好看，可是价格有点儿贵。
> C 放心，我一定吃得完。
> D 那我吃韩国菜吧。

❶ 这碗饭你吃得完吃不完？　　（　　　　）

❷ 请问，去邮局怎么走？　　（　　　　）

❸ 这件衣服好看吧？　　（　　　　）

❹ 中国菜没有韩国菜辣。　　（　　　　）

5 말하기 1 · 사진을 보고 대화를 완성하세요.

❶

A 牛奶被谁喝光了?

B _____。

❷

A 你送给爷爷什么?

B _____。

6 말하기 2 · 다음 질문의 대답을 생각하여 빈칸을 채워 보세요.

❶ 你今天请谁吃晚饭了?　　❷ 你是怎么结账的?

❸ 吃完饭以后，你们去哪儿了?　　❹ 你遇到什么事儿了?

我今天_____了。
Wǒ jīntiān _____ le.

我是_____结账的。
Wǒ shì _____ jiézhàng de.

我们先坐_____，然后_____，去_____。
Wǒmen xiān zuò _____, ránhòu _____, qù _____.

在_____上，我的_____被_____。
Zài _____ shang, wǒ de _____ bèi _____.

你打扮得真帅!

Nǐ dǎban de zhēn shuài!

당신 정말 멋있게 차려 입었군요!

■ 주요 문장을 따라 읽으며 중국어의 뼈대를 다지세요.

01 是不是 ~인가요, 아닌가요?

你是不是 去约会 ? Nǐ shì bu shì qù yuēhuì?

感冒了
gǎnmào le
감기에 걸렸다

出事儿了
chūshìr le
일이 생겼다

02 동사 + 了 + 시량보어 + 的 + 목적어 + 了 ~ 동안 ~하고 있다

我 学 了 一年 的 韩语 了。 Wǒ xuéle yì nián de Hányǔ le.

讲
jiǎng
이야기하다

背
bèi
암기하다

两个小时
liǎng ge xiǎoshí
2시간

五分钟
wǔ fēnzhōng
5분

故事
gùshi
옛날 이야기

生词
shēngcí
새 단어

03 要是…就好了 만약 ~했으면 좋겠다

要是他 会游泳 就好了。 Yàoshi tā huì yóuyǒng jiù hǎo le.

买新车
mǎi xīn chē
새차를 사다

中彩票
zhòng cǎipiào
복권에 당첨되다

生词 words

■ 새로 나온 단어를 따라 읽으며 익혀 보세요.

会话

- □□ **打扮** dǎban 图 분장하다, 치장하다
- □□ **约会** yuēhuì 명 약속, 데이트
  图 약속하다
- □□ **棒** bàng 형 훌륭하다
- □□ **羡慕** xiànmù 图 부러워하다
- □□ **拍马屁** pāi mǎpì 아첨하다
- □□ **零花钱** línghuāqián 명 용돈
- □□ **当然** dāngrán 형 당연하다, 물론이다
- □□ **一口气** yìkǒuqì 图 단숨에
- □□ **旱鸭子** hànyāzi 명 헤엄을 못 치는 사람, 맥주병

课文

- □□ **渐渐** jiànjiàn 图 점점, 차츰
- □□ **适应** shìyìng 图 적응하다
- □□ **谈恋爱** tán liàn'ài 연애하다
- □□ **恋爱** liàn'ài 명동 연애(하다)
- □□ **要是** yàoshi 접 만일, 만약

어휘 엿보기

오리는 원래 헤엄을 잘 치지만 旱鸭子는 물에 들어가지 않도록 육지에서 사육되어 절대 물에 들어가지 않는 오리를 가리키는데, 나중에는 수영을 할 줄 모르거나 수영이 아주 서투른 사람을 비유할 때 쓰이게 되었어요.

#1 원원이 하오민의 비위를 맞추고 있어요.

track 07-3

文文 Wénwen	哥，你打扮得真帅！ Gē, nǐ dǎban de zhēn shuài!
	是不是和智媛姐去约会？ Shì bu shì hé Zhìyuán jiě qù yuēhuì?
浩民 Hàomín	今天你的嘴怎么这么甜？ Jīntiān nǐ de zuǐ zěnme zhème tián?
文文 Wénwen	哪儿啊。还有，你的韩语说得也很棒！ Nǎr a.　　Hái yǒu, nǐ de Hányǔ shuō de yě hěn bàng!
浩民 Hàomín	我都学了一年的韩语了。 Wǒ dōu xuéle yì nián de Hányǔ le.
文文 Wénwen	真羡慕你，学习又好，女朋友又漂亮。 Zhēn xiànmù nǐ, xuéxí yòu hǎo, nǚpéngyou yòu piàoliang.
浩民 Hàomín	别拍马屁了！你又想要零花钱了吧？ Bié pāi mǎpì le!　　Nǐ yòu xiǎng yào línghuāqián le ba?

❶ 浩民今天打扮得怎么样？

❷ 浩民学韩语学了多长时间了？

❸ 你交过外国朋友吗？

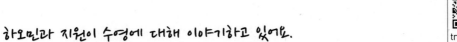

#2 하오민과 지원이 수영에 대해 이야기하고 있어요.

浩民	你会游泳吗?
Hàomín	Nǐ huì yóuyǒng ma?

智媛	那当然了!
Zhìyuán	Nà dāngrán le!

我一口气能游八百米呢*!
Wǒ yìkǒuqì néng yóu bābǎi mǐ ne!

浩民	你可真厉害!
Hàomín	Nǐ kě zhēn lìhai!

我学游泳学了半年了，还*是个旱鸭子呢。
Wǒ xué yóuyǒng xuéle bàn nián le, hái shì ge hànyāzi ne.

智媛	要不要我教教你?
Zhìyuán	Yào bu yào wǒ jiāojiao nǐ?

浩民	那就谢谢老师了!
Hàomín	Nà jiù xièxie lǎoshī le!

> **Tip**
> * 呢는 평서문 뒤에 쓰여 반박이나 약한 과장의 어기를 나타내요.
> * 여기서 还는 '여전히', '아직도'의 의미로 쓰였어요.

 **说一说** 🎤

❶ 智媛游泳游得怎么样?

❷ 浩民游泳游得好吗?

❸ 你在做什么运动? 做了多长时间了?

■ 그림을 보고 대화를 완성해 보세요.

예

A 他等了多长时间的朋友了？
Tā děngle duō cháng shíjiān de péngyou le?

B <u>他等了四十分钟的朋友了</u>。
Tā děngle sìshí fēnzhōng de péngyou le.

❶

A 他骑了多长时间的车了？

B _____。

❷

A 他看了多长时间的报纸了？

B _____。

❸

A 他坐了多长时间的飞机了？

B _____。

❹

A 她打了多长时间的电话了？

B _____。

New 단어 报纸 bàozhǐ 몡 신문

智媛来中国一年多了，渐渐适应了中国的生活。她交了
Zhìyuán lái Zhōngguó yì nián duō le, jiànjiàn shìyìngle Zhōngguó de shēnghuó. Tā jiāole

一个中国男朋友，叫浩民。他们谈恋爱谈了半年了。浩民长得
yí ge Zhōngguó nánpéngyou, jiào Hàomín. Tāmen tán liàn'ài tánle bàn nián le. Hàomín zhǎng de

很帅，性格又好。 可惜的是， 智媛喜欢游泳，但是浩民不会。
hěn shuài, xìnggé yòu hǎo. Kěxī de shì, Zhìyuán xǐhuan yóuyǒng, dànshì Hàomín bú huì.

智媛想，要是浩民会游泳就好了。
Zhìyuán xiǎng, yàoshi Hàomín huì yóuyǒng jiù hǎo le.

听一听 녹음 내용을 듣고 빈칸을 채운 후, 문장의 옳고 그름을 판단해 보세요.

track 07-6

❶ 智媛来中国_____。　　　　（　　）

❷ 智媛_____中国的生活。　　（　　）

❸ 浩民长得帅，_____。　　　（　　）

❹ 智媛希望浩民_____。　　　（　　）

语法

1 是不是

어떤 상황을 확인할 때에는 是不是를 확인하고 싶은 내용의 앞이나 문장의 끝에 쓴다.

你是不是明天回国? 너는 내일 귀국하지? 맞지?
Nǐ shì bu shì míngtiān huíguó?

是不是你妈妈给你买的? 너희 엄마가 너한테 사준 거지? 맞지?
Shì bu shì nǐ māma gěi nǐ mǎi de?

他中文说得很棒，是不是? 그는 중국어를 매우 잘하죠? 맞죠?
Tā Zhōngwén shuō de hěn bàng, shì bu shì?

체크체크 是不是를 사용해서 알맞은 질문을 만들어 보세요.

❶ A _____?   B 我上午不上课，下午上课。

❷ A _____?   B 我们不去看电影。

❸ A _____?   B 他个子不高，有点儿矮。

2 시량보어와 了

시량보어가 있는 문장에서 동태조사 了와 어기조사 了가 함께 쓰이면 동작이 과거에서 현재까지 계속 지속되고 있음을 나타낸다.

我学了一年的汉语。 중국어를 1년 동안 배웠다. [완료 → 더 이상 배우지 않는다]
Wǒ xuéle yì nián de Hànyǔ.

我学了一年的汉语了。 중국어를 1년째 배우고 있다. [지속 → 지금까지 배우고 있다]
Wǒ xuéle yì nián de Hànyǔ le.

我看病看了一年了。 나는 치료를 1년째 받고 있다.
Wǒ kànbìng kànle yì nián le.

我等了你两个小时了。 나는 너를 두 시간째 기다리고 있다.
Wǒ děngle nǐ liǎng ge xiǎoshí le.

Tip 시량보어의 목적어가 인칭대명사인 경우에는 동사와 시량보어 사이에 인칭대명사를 쓴다.

시량보어 一年이 들어갈 위치를 고르세요.

❶ 我　A　找　B　了　C　他　D　了。

❷ 他练　A　了　B　的　C　瑜伽　D　了。

3 要是

접속사 要是는 '만약 ~하다면'의 뜻으로 가정 관계를 나타내며 뒤에 오는 就와 자주 호응한다.「要是…就好了」형식은 화자의 바람을 표현할 때 쓰이며, '만약 ~했으면 좋겠다'라는 의미이다.

要是有时间就打网球。 시간이 있으면 테니스를 치겠다.
Yàoshi yǒu shíjiān jiù dǎ wǎngqiú.

要是能拿到奖学金就好了。 장학금을 받을 수 있으면 좋겠다.
Yàoshi néng nádào jiǎngxuéjīn jiù hǎo le.

要是我们能成为朋友就好了。 우리가 친구가 될 수 있으면 좋겠다.
Yàoshi wǒmen néng chéngwéi péngyou jiù hǎo le.

체크 체크 「要是…就好了」형식을 사용하여 문장을 완성하세요.

❶ 天气太热了, _____。
날씨가 너무 더워서 좀 시원했으면 좋겠다.

❷ 这台电脑太贵了, _____。
이 컴퓨터는 너무 비싸서, 좀 저렴했으면 좋겠다.

New 단어 看病 kànbìng 통 치료를 받다 | 奖学金 jiǎngxuéjīn 명 장학금 | 台 tái 양 기계나 차량을 세는 단위

练习

track 07-7

1 문장 듣기 · 녹음을 듣고 문장과 일치하는지 ○, ×로 표시해 보세요.

❶ 弟弟要是努力学习就好了。 ( )

❷ 我学了一年的日语了。 ( )

❸ 我每天早上跑一个小时的步。 ( )

❹ 我们打了半个小时的篮球。 ( )

2 도전! 스피킹 · 아래 제시된 내용을 참고하여 중국어로 자유롭게 말해 보세요.

半年　　　　　　　　两年　　　　　　　　三个月

A 你会＿＿＿＿＿＿＿＿吗?

B 我学＿＿＿＿＿＿＿＿了＿＿＿＿了,

但是现在还是＿＿＿＿＿＿＿＿,

要是我能＿＿＿＿一点儿就好了。

3 표현 연습 · 다음 표현을 사용하여 문장을 완성해 보세요.

예

| 天气好 | A 你明天打算干什么? |
| | B 要是<u>天气好</u>就<u>爬山</u>。 |

❶

| 不工作 | A 周末你想干什么? |
| | B 要是_____就_____。 |

❷

| 休息 | A 下星期你有什么打算吗? |
| | B 要是_____就_____。 |

❸

| 请假 | A 下个月你打算干什么? |
| | B 要是_____就_____。 |

4 쓰기 내공 쌓기 · 주어진 표현을 활용하여 다음 문장을 중국어로 써보세요.

❶ 날씨가 점점 추워진다. (渐渐)

➜ _____

❷ 나는 테니스를 1년째 배우고 있다. (了)

➜ _____

❸ 내일은 비가 안 올 거야 그렇지? (是不是)

➜ _____

track 07-8

相亲
xiāngqīn
소개팅을 하다

被放鸽子
bèi fàng gēzi
바람맞다

劈腿
pǐtuǐ
양다리를 걸치다

被甩
bèi shuǎi
퇴짜 맞다

单身狗❶
dānshēngǒu
솔로

暗恋
ànliàn
짝사랑

暧昧
àimèi
썸 타다

是我的菜
shì wǒ de cài
내 스타일이야

示爱❷
shì'ài
사랑을 고백하다

❶ '커플'은 情侣 qínglǚ라고 해요. ❷ '헤어지다'는 分手 fēnshǒu라고 해요.

chapter 08

把空调关了吧。

Bǎ kōngtiáo guān le ba.

에어컨을 꺼주세요.

Dialogue & Text

회화 1 부탁하기①
회화 2 부탁하기②
본문　주인을 잘못 찾은
　　　외투

Grammar

1. 把자문
2. 因为…, 所以…

Vocabulary

가전제품 관련 어휘를
알아봐요.

主要句子 Key Expressions

■ 주요 문장을 따라 읽으며 중국어의 뼈대를 다지세요.

01 把 + 목적어 + 동사 + 在 + 장소   ~을 ~에 ~하다

我把 大衣 放在 朋友家 了。 Wǒ bǎ dàyī fàngzài péngyou jiā le.

手机
shǒujī
핸드폰

护照
hùzhào
여권

书包里
shūbāo li
책가방 안

抽屉里
chōuti li
서랍 안

02 把 + 목적어 + 동사 + 到 + 장소   ~을 ~로 ~하다

把 这些书 送 到 教室 。 Bǎ zhèxiē shū sòngdào jiàoshì.

车
chē
차

包裹
bāoguǒ
소포

停
tíng
세우다

寄
jì
부치다

前边
qiánbian
앞쪽

上海
Shànghǎi
상하이

03 因为 A, 所以 B   A때문에, 그래서 B하다

因为 太忙了 , 所以 我没吃午饭 。 Yīnwèi tài máng le, suǒyǐ wǒ méi chī wǔfàn.

这件衣服太贵了
zhè jiàn yīfu tài guì le
이 옷은 너무 비싸다

车坏了
chē huài le
차가 고장 났다

我买不起
wǒ mǎi bu qǐ
나는 (돈이 없어) 살 수 없다

我打车上班了
wǒ dǎ chē shàngbān le
나는 택시를 타고 출근했다

生词 words

■ 새로 나온 단어를 따라 읽으며 익혀 보세요.

会话

☐☐ 把 bǎ 개 ~을/를

☐☐ 空调 kōngtiáo 명 에어컨

☐☐ 关 guān 동 닫다, 끄다

☐☐ 温度 wēndù 명 온도

☐☐ 正 zhèng 부 딱, 마침

☐☐ 糟糕 zāogāo 형 엉망이 되다, 아뿔싸

☐☐ 放 fàng 동 두다, 놓다

☐☐ 马大哈 mǎdàhā 명 덜렁이

☐☐ 拿 ná 동 (손에) 들다

☐☐ 教室 jiàoshì 명 교실

课文

☐☐ 做客 zuòkè 동 손님이 되다, 방문하다

☐☐ 留学生 liúxuéshēng 명 유학생

☐☐ 结果 jiéguǒ 접 결국 명 결과

☐☐ 挺 tǐng 부 매우, 아주

어휘 엿보기

马大哈는 제멋대로 하고, 소홀하며, 일을 꾸물거리고, 섣불리 하는 사람을 비유하는 말이에요. 1950년대 희곡 작가 何迟 Hé Chí가 창작하고 중국 만담 배우 마三立 Mǎ Sānlì가 공연한 만담 「买猴 Mǎi hóu」에서 유래되었다고 해요.

track 08-3

#1 지원이 하오민에게 에어컨을 꺼달라고 부탁하고 있어요.

智媛
Zhìyuán
太冷了，把空调关了吧。
Tài lěng le, bǎ kōngtiáo guān le ba.

浩民
Hàomín
现在温度正合适，你穿上*大衣吧。
Xiànzài wēndù zhèng héshì, nǐ chuānshàng dàyī ba.

智媛
Zhìyuán
糟糕！我把大衣放在小玲家了。
Zāogāo! Wǒ bǎ dàyī fàngzài Xiǎolíng jiā le.

> **Tip**
> * 여기서 上은 결과보어로 쓰였어요.

浩民
Hàomín
你真是个马大哈！
Nǐ zhēn shì ge mǎdàhā!

智媛
Zhìyuán
我给小玲打个电话，让她明天拿给我。
Wǒ gěi Xiǎolíng dǎ ge diànhuà, ràng tā míngtiān nágěi wǒ.

浩民
Hàomín
我还是把空调关了吧。
Wǒ háishi bǎ kōngtiáo guān le ba.

马大哈！

❶ 智媛把大衣放在哪儿了？

❷ 智媛打电话让小玲做什么？

❸ 夏天你经常开空调吗？

2 샤오링이 친구에게 부탁하고 있어요.

track 08-4

小玲	你能帮我一下吗？
Xiǎolíng	Nǐ néng bāng wǒ yíxià ma?

同学	什么事儿？
tóngxué	Shénme shìr?

小玲	把这件大衣送到302教室。
Xiǎolíng	Bǎ zhè jiàn dàyī sòngdào sān líng èr jiàoshì.

同学	行*，交给谁？
tóngxué	Xíng, jiāogěi shéi?

> **Tip**
> * 긍정의 대답으로 好的라고도 말할 수 있으며, 부정의 대답은 不行이라고 말할 수 있어요.

小玲	交给我的韩国朋友。
Xiǎolíng	Jiāogěi wǒ de Hánguó péngyou.
	我现在有急事儿，得走了。
	Wǒ xiànzài yǒu jíshìr, děi zǒu le.

同学	等会儿，告诉我他叫什么名字呀！
tóngxué	Děng huìr, gàosu wǒ tā jiào shénme míngzi ya!

说一说 🎤

❶ 小玲让同学把大衣送到哪儿？

❷ 小玲让同学把大衣交给谁？

❸ 你的朋友帮你做过什么事儿？

■ 그림을 보고 대화를 완성해 보세요.

예

放在
床旁边

A 谁把闹钟放在床旁边了?
　Shéi bǎ nàozhōng fàngzài chuáng pángbiān le?

B 爸爸把闹钟放在床旁边了。
　Bàba bǎ nàozhōng fàngzài chuáng pángbiān le.

❶ 摆在
　窗台上

A 谁把花＿＿＿＿＿＿＿了?

B 姐姐把＿＿＿＿＿＿了。

❷ 送到
　医院

A 谁把孩子＿＿＿＿＿＿了?

B 妈妈把＿＿＿＿＿＿了。

❸ 借给
　小民

A 谁把词典＿＿＿＿＿＿了?

B 老师把＿＿＿＿＿了。

❹ 写成
　牛饭

A 谁把午饭＿＿＿＿＿了?

B 小民把＿＿＿＿＿了。

New 단어 　床 chuáng 명 침대 | 闹钟 nàozhōng 명 알람 시계, 자명종 | 摆 bǎi 동 놓다 |
窗台 chuāngtái 명 창문턱 | 成 chéng 동 ~이 되다, ~으로 변하다 | 牛 niú 명 소

星期天， 智媛去小玲家做客， 走的时候把大衣放在小玲
Xīngqītiān, Zhìyuán qù Xiǎolíng jiā zuòkè, zǒu de shíhou bǎ dàyī fàngzài Xiǎolíng

家了。 第二天， 小玲因为太忙了， 所以让同学把大衣交给
jiā le. Dì-èr tiān, Xiǎolíng yīnwèi tài máng le, suǒyǐ ràng tóngxué bǎ dàyī jiāogěi

智媛。 同学不认识智媛，只知道她是韩国留学生。 智媛的班
Zhìyuán. Tóngxué bú rènshi Zhìyuán, zhǐ zhīdào tā shì Hánguó liúxuéshēng. Zhìyuán de bān

上，有一个男同学叫"智元"。 结果， 同学把大衣交给了那个
shang, yǒu yí ge nán tóngxué jiào "Zhìyuán". Jiéguǒ, tóngxué bǎ dàyī jiāogěile nà ge

男生。智媛想：原来马大哈挺多的*！
nánshēng. Zhìyuán xiǎng: Yuánlái mǎdàhā tǐng duō de!

Tip
* 정도부사 挺은 주로「挺…的」
형식으로 많이 쓰이는데, 很보다
는 정도가 약해요.

听一听 🎧 녹음 내용을 듣고 빈칸을 채운 후, 문장의 옳고 그림을 판단해 보세요.

❶ 智媛去小玲家＿＿＿＿＿＿＿＿＿＿。 （　　）

❷ 小玲＿＿＿＿＿＿＿＿＿＿智媛家了。 （　　）

❸ 那个同学把大衣＿＿＿＿＿＿＿＿＿。 （　　）

❹ 那个同学＿＿＿＿＿＿＿＿＿智媛。 （　　）

语法

1 把자문

❶ 把자문은 개사 把를 사용하여 어떤 특정한 목적어를 어떻게 처리했는지 또한 그 처리 결과가 어떠한지를 강조하는 문장이다. 把자문에서 동사 뒤에는 반드시 기타 성분이 있어야 한다.

주어 + 把 + 목적어 + 동사 + 기타 성분

동작의 주체   동작의 대상   了, 着, 동사 중첩, 보어(가능보어 제외)

快把饭吃了。 어서 밥 먹어라. [기타 성분 → 了]
Kuài bǎ fàn chī le.

你把衣服洗洗。 옷 좀 빨아라. [기타 성분 → 동사 중첩]
Nǐ bǎ yīfu xǐxi.

弟弟把房间打扫干净了。 남동생이 방을 깨끗이 청소했다. [기타 성분 → 결과보어]
Dìdi bǎ fángjiān dǎsǎo gānjìng le.

❷ 시간부사, 부정부사, 조동사는 반드시 把 앞에 위치해야 한다.

他已经把你忘了。 그는 이미 너를 잊었다.
Tā yǐjīng bǎ nǐ wàng le.

我没把垃圾扔出去。 나는 쓰레기를 밖으로 버리지 않았다.
Wǒ méi bǎ lājī rēng chūqu.

你能把这些材料交给王老师吗? 이 자료들을 왕 선생님께 건네줄 수 있어?
Nǐ néng bǎ zhèxiē cáiliào jiāogěi Wáng lǎoshī ma?

❸ 把자문에 자주 쓰이는 결과보어로는 到, 在, 给 등이 있다.

他们把病人送到了医院。 그들은 환자를 병원으로 이송했다.
Tāmen bǎ bìngrén sòngdàole yīyuàn.

爸爸把照片挂在了墙上。 아버지는 사진을 벽에 걸었다.
Bàba bǎ zhàopiàn guàzàile qiáng shang.

他把书包放在了椅子上。 그는 책가방을 의자에 놓아두었다.
Tā bǎ shūbāo fàngzàile yǐzi shang.

请把那本书还给我。 그 책을 나에게 돌려주세요.
Qǐng bǎ nà běn shū huángěi wǒ.

체크 체크 다음 문장을 바르게 고치세요.

❶ 我不想给你把那本书。 ……→ _____

❷ 我打算把作业两点做完。 ……→ _____

❸ 请你把这本书送在他。 ……→ _____

2 因为…, 所以…

「因为A, 所以B」 형식은 인과 관계를 나타내며, 因为 뒤에는 원인이, 所以 뒤에는 결과가 나온다.

因为最近客人很多，所以老板很高兴。 최근 손님이 많아서, 사장은 기쁘다.
Yīnwèi zuìjìn kèrén hěn duō, suǒyǐ lǎobǎn hěn gāoxìng.

因为天气太冷，所以我不想出去。 날씨가 너무 추워서, 나는 나가고 싶지 않다.
Yīnwèi tiānqì tài lěng, suǒyǐ wǒ bù xiǎng chūqu.

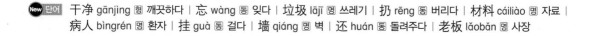

New 단어 干净 gānjìng 혱 깨끗하다 | 忘 wàng 동 잊다 | 垃圾 lājī 몡 쓰레기 | 扔 rēng 동 버리다 | 材料 cáiliào 몡 자료 | 病人 bìngrén 몡 환자 | 挂 guà 동 걸다 | 墙 qiáng 몡 벽 | 还 huán 동 돌려주다 | 老板 lǎobǎn 몡 사장

练习

1 문장 듣기 · 녹음을 듣고 문장과 일치하는지 ○, ×로 표시해 보세요.

❶ 妈妈把奶奶送到老家了。 ( )

❷ 周末我去朋友家做客了。 ( )

❸ 我把材料交给老师了。 ( )

❹ 我没把书放在桌子上。 ( )

2 도전! 스피킹 · 아래 제시된 내용을 참고하여 중국어로 자유롭게 말해 보세요.

A 喂，你能帮我一下吗?

B 什么事儿?

A 我把＿＿＿＿＿＿放在＿＿＿＿＿＿＿了，你看见了吗?

B 看见了。

A 你帮我把＿＿＿＿＿＿送到学校吧。

B 行。

3 표현 연습 · 다음 두 문장을 「因为…, 所以…」 형식으로 완성해 보세요.

> 예
>
> 外面正在下雨，带雨伞出去吧。
>
> ➡ <u>因为外面正在下雨，所以带雨伞出去吧。</u>

❶ 我的钱包被人偷了。我走路回家了。

➡ _____ , _____ 。

❷ 这星期天是我的生日。我打算请朋友吃饭。

➡ _____ , _____ 。

❸ 我工作很忙。我今天不能去约会。

➡ _____ , _____ 。

4 쓰기 내공 쌓기 · 주어진 표현을 활용하여 다음 문장을 중국어로 써보세요.

❶ 나는 여동생에게 옷을 나에게 돌려달라고 했다. (还给)

➡ _____

❷ 이런, 나는 핸드폰을 회사에 두고 왔어. (放在)

➡ _____

❸ 당신은 나를 도와 아이를 학원에 데려다줄 수 있나요? (送到)

➡ _____

空气炸锅
kōngqì zháguō

에어 프라이어

电磁炉
diàncílú

인덕션

全自动咖啡机
quánzìdòng kāfēijī

자동 커피 머신

洗碗机
xǐwǎnjī

식기세척기

净水器
jìngshuǐqì

정수기

干衣机
gānyījī

의류 건조기

空气净化器
kōngqì jìnghuàqì

공기 청정기

除湿器
chúshīqì

제습기

扫地机器人
sǎodì jīqìrén

로봇 청소기

chapter 09

明天可能会下雨。

Míngtiān kěnéng huì xiàyǔ.

내일은 아마 비가 올 거예요.

Dialogue & Text	Grammar	vocabulary
회화 1 일기예보 말하기 회화 2 날씨 말하기 본문 이상한 일기예보	1. 一点儿也不/没… 2. 从…起 3. …的话，就…	날씨 관련 어휘를 알아 봐요.

主要句子 Key Expressions

■ 주요 문장을 따라 읽으며 중국어의 뼈대를 다지세요.

01 一点儿也不／没… 조금도 ~하지 않다

雨 一点儿也 没下 。 Yǔ yìdiǎnr yě méi xià.

心情
xīnqíng
기분

成绩
chéngjì
성적

不好
bù hǎo
좋지 않다

没上升
méi shàngshēng
오르지 않았다

02 从…起 ~부터 시작하여

从 明天 起，气温会下降 。 Cóng míngtiān qǐ, qìwēn huì xiàjiàng.

下周
xià zhōu
다음 주

明天
míngtiān
내일

天气会暖和
tiānqì huì nuǎnhuo
날씨가 따뜻해질 것이다

我要努力学习
wǒ yào nǔlì xuéxí
나는 열심히 공부해야 한다

03 …的话，就… ~하다면, ~하다

下雪 的话，就可以 去玩儿雪 了。 Xiàxuě dehuà, jiù kěyǐ qù wánr xuě le.

来韩国
lái Hánguó
한국에 오다

放假
fàngjià
방학하다

去景福宫
qù Jǐngfúgōng
경복궁에 가다

去旅游
qù lǚyóu
여행 가다

生词 words

■ 새로 나온 단어를 따라 읽으며 익혀 보세요.

会话

- ☐☐ 预报 yùbào 몡통 예보(하다)
- ☐☐ 天气预报 tiānqì yùbào 몡 일기예보
- ☐☐ 可能 kěnéng 튄 아마도
- ☐☐ 准 zhǔn 혱 정확하다
- ☐☐ 可不 kěbù 튄 그럼요, 그렇고 말고요
- ☐☐ 上次 shàng cì 지난번
- ☐☐ 明早 míng zǎo 내일 아침
- ☐☐ 糟 zāo 혱 나쁘다, 엉망이 되다
- ☐☐ 透 tòu 혱 충분하다
- ☐☐ 气温 qìwēn 몡 온도, 기온
- ☐☐ 下降 xiàjiàng 통 내려가다
- ☐☐ 的话 dehuà 조 ~하다면
- ☐☐ 积雪 jīxuě 통 눈이 쌓이다
- ☐☐ 大雪 dàxuě 몡 함박눈, 대설

课文

- ☐☐ 寒假 hánjià 몡 겨울방학
- ☐☐ 戴 dài 통 (모자 등을) 쓰다, 착용하다
- ☐☐ 零下 língxià 몡 영하
- ☐☐ 仍然 réngrán 튄 여전히

어휘 엿보기

戴는 목걸이, 반지, 모자 등의 장신구를 '쓰다', '착용하다'라는 의미로 쓰이고, 穿은 옷, 바지, 신발, 양말 등을 '입다', '신다'라는 의미로 쓰여요.

예 戴帽子 dài màozi 모자를 쓰다 　　　戴戒指 dài jièzhi 반지를 끼다 　　　戴手表 dài shǒubiǎo 시계를 차다

穿裙子 chuān qúnzi 치마를 입다 　　　穿鞋 chuān xié 신발을 신다 　　　穿袜子 chuān wàzi 양말을 신다

会话 Dialogue

track 09-3

 #1 동건과 하오민이 일기예보에 대해 이야기하고 있어요.

东建 明天星期六，我们去爬山吧。
Dōngjiàn Míngtiān xīngqīliù, wǒmen qù páshān ba.

浩民 听天气预报说，明天可能会下雨。
Hàomín Tīng tiānqì yùbào shuō, míngtiān kěnéng huì xiàyǔ.

东建 是吗？ 不过我觉得最近的天气预报不太准。
Dōngjiàn Shì ma? Búguò wǒ juéde zuìjìn de tiānqì yùbào bú tài zhǔn.

浩民 可不， 上次天气预报说会下雨，我带了雨伞，
Hàomín Kěbù, shàng cì tiānqì yùbào shuō huì xiàyǔ, wǒ dàile yǔsǎn,

可是一点儿也没下。
kěshì yìdiǎnr yě méi xià.

东建 那明早看看天气再说吧。
Dōngjiàn Nà míng zǎo kànkan tiānqì zài shuō ba.

 说一说

❶ 天气预报说明天天气怎么样？

❷ 浩民为什么觉得天气预报不准？

❸ 你觉得天气预报准不准？

지원라 하오민이 베이징의 날씨에 대해 이야기하고 있어요.

track 09-4

智媛 Zhìyuán	最近天气糟透了*。 Zuìjìn tiānqì zāotòu le.
浩民 Hàomín	听说从明天起，气温会下降。 Tīngshuō cóng míngtiān qǐ, qìwēn huì xiàjiàng.
智媛 Zhìyuán	会下雪吗？ Huì xiàxuě ma?
浩民 Hàomín	可能会下雪。 Kěnéng huì xiàxuě.
智媛 Zhìyuán	那太好了！ 下雪的话， 就可以去玩儿雪了。 Nà tài hǎo le! Xiàxuě dehuà, jiù kěyǐ qù wánr xuě le.
浩民 Hàomín	会不会积雪很难说。 Huì bu huì jīxuě hěn nán shuō.
智媛 Zhìyuán	真希望下一场大雪。 Zhēn xīwàng xià yì cháng dàxuě.

Tip
＊ 透了는 형용사나 일부 동사 뒤에 쓰여 정도나 상황이 충분한 정도에 도달했거나 상태가 지나침을 나타낼 때 써요. 같은 표현에는 极了, 死了가 있어요.

说一说 🎤

❶ 从明天起，气温怎么样？

❷ 下雪的话，智媛想去做什么？

❸ 冬天下大雪的话，你想做什么？

■ 그림을 보고 대화를 완성해 보세요.

예

首尔
晴

A 明天首尔天气怎么样?
Míngtiān Shǒu'ěr tiānqì zěnmeyàng?

B 听说从明天起，天气会晴。
Tīngshuō cóng míngtiān qǐ, tiānqì huì qíng.

❶ 北京
阴

A 明天＿＿＿＿＿天气怎么样?

B 听说＿＿＿＿＿，＿＿＿＿＿。

❷ 纽约
下雪

A 后天＿＿＿＿＿天气怎么样?

B 听说＿＿＿＿＿，＿＿＿＿＿。

❸ 香港
暖和

A 今天＿＿＿＿＿天气怎么样?

B 听说＿＿＿＿＿，＿＿＿＿＿。

❹ 巴黎
下雨

A 下个星期＿＿＿＿＿天气怎么样?

B 听说＿＿＿＿＿，＿＿＿＿＿。

New 단어 纽约 Niǔyuē 고유 뉴욕 | 香港 Xiānggǎng 고유 홍콩 | 巴黎 Bālí 고유 파리

放寒假了。昨天智媛和东建到了上海，他们要在上海
Fàng hánjià le. Zuótiān Zhìyuán hé Dōngjiàn dàole Shànghǎi, tāmen yào zài Shànghǎi

学习一个月。听天气预报说今天下雪，所以早上出门的时候，
xuéxí yí ge yuè. Tīng tiānqì yùbào shuō jīntiān xiàxuě, suǒyǐ zǎoshang chūmén de shíhou,

智媛穿上了大衣、戴上了帽子。在路上，她发现很多人都看她，
Zhìyuán chuānshàngle dàyī、dàishàngle màozi. Zài lù shang, tā fāxiàn hěn duō rén dōu kàn tā,

而且他们穿得有点儿少。原来智媛听错了，天气预报说的是
érqiě tāmen chuān de yǒudiǎnr shǎo. Yuánlái Zhìyuán tīngcuò le, tiānqì yùbào shuō de shì

北京下雪。现在北京气温已经零下了，不过上海仍然很暖和。
Běijīng xiàxuě. Xiànzài Běijīng qìwēn yǐjīng língxià le, búguò Shànghǎi réngrán hěn nuǎnhuo.

听一听 🎧 녹음 내용을 듣고 빈칸을 채운 후, 문장의 옳고 그름을 판단해 보세요.

❶ 智媛要在上海＿＿＿＿＿＿＿＿＿＿＿。 （ ）

❷ 智媛＿＿＿＿＿＿＿＿＿＿帽子。 （ ）

❸ 智媛发现行人穿得＿＿＿＿＿＿＿。 （ ）

❹ 今天北京的＿＿＿＿＿已经＿＿＿＿。 （ ）

语法

1 一点儿也不/没···

'조금도 ~하지 않다'라는 뜻으로 사물의 성질, 동작, 상황 등의 부정을 강조하며, 술어 앞에 쓰인다. 也를 대신하여 都를 쓸 수 있다.

这个行李箱一点儿也不重。 이 여행 가방은 하나도 안 무겁다.
Zhège xínglixiāng yìdiǎnr yě bú zhòng.

时间过了很长时间，他一点儿都没变。 시간이 많이 지났는데, 그는 조금도 변하지 않았다.
Shíjiān guòle hěn cháng shíjiān, tā yìdiǎnr dōu méi biàn.

체크체크 제시된 단어를 배열하여 문장을 완성하세요.

❶ 他 / 也 / 胖 / 一点儿 / 不   ⟶ _____

❷ 也 / 累 / 我 / 一点儿 / 不   ⟶ _____

2 从···起

「从···起」 형식은 '~부터 시작하여'라는 뜻으로 출발점을 나타내며, 「从···开始」 형식으로 표현할 수도 있다.

我从明天起不喝酒了。 나는 내일부터 술을 마시지 않겠다.
Wǒ cóng míngtiān qǐ bù hē jiǔ le.

从下个月起，我不上班。 다음 달부터 나는 출근하지 않는다.
Cóng xià ge yuè qǐ, wǒ bú shàngbān.

从下个星期开始，我每天游泳。 다음 주부터 나는 매일 수영을 한다.
Cóng xià ge xīngqī kāishǐ, wǒ měi tiān yóuyǒng.

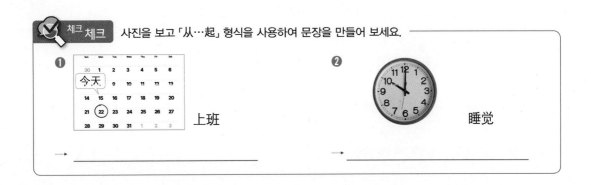

사진을 보고 「从…起」 형식을 사용하여 문장을 만들어 보세요.

❶ 上班

❷ 睡觉

3 …的话，就…

'~하다면, ~하다'의 뜻으로 '만약'이라는 가설을 나타낸다. 주로 要是나 如果(rúguǒ)와 같이 쓰인다.

没人反对的话，我们就去吃火锅吧。 반대하는 사람이 없으면, 우리 훠궈 먹으러 가자.
Méi rén fǎnduì dehuà, wǒmen jiù qù chī huǒguō ba.

我有钱的话，就买房子。 내가 돈이 있다면, 집을 사겠다.
Wǒ yǒu qián dehuà, jiù mǎi fángzi.

要是你不舒服的话，就请一天假吧。 만약 네가 몸이 불편하다면, 하루 휴가를 내.
Yàoshi nǐ bù shūfu dehuà, jiù qǐng yìtiān jià ba.

체크 체크 「…的话，就…」 형식을 사용하여 다음 문장을 완성하세요.

❶ 如果下雨的话，_____。
만약 비가 온다면, 우리는 등산을 가지 않을 것이다.

❷ _____，我也就不去了。
만약 네가 안 가면, 나도 안 가.

New 단어 行李箱 xínglixiāng 영 여행 가방 | 变 biàn 동 변하다 | 胖 pàng 형 뚱뚱하다, 살찌다 | 反对 fǎnduì 동 반대하다 |
火锅 huǒguō 영 훠궈[요리명] | 如果 rúguǒ 접 만약

练习

1 문장 듣기 · 녹음을 듣고 문장과 일치하는지 ○, ×로 표시해 보세요.

❶ 听说从明天起下雨。 （　　）

❷ 他今天一点儿也不忙。 （　　）

❸ 从明天开始天气很好。 （　　）

❹ 要是明天下雨就出去玩儿。 （　　）

2 도전! 스피킹 · 아래 제시된 내용을 참고하여 중국어로 자유롭게 말해 보세요.

❶ A 最近北京和首尔天气怎么样？

　 B ＿＿＿＿＿＿＿＿＿＿＿＿＿＿。

❷ A 首尔是从什么时候开始下雨的？

　 B ＿＿＿＿＿＿＿＿＿＿＿＿＿＿。

❸ A 首尔天气好的话，朋友想做什么？

　 B ＿＿＿＿＿＿＿＿＿＿＿＿＿＿。

New 단어 海边 hǎibiān 명 해변, 바닷가

3 표현 연습 · 다음 표현을 사용하여 문장을 완성해 보세요.

예

| 今天玩儿了一整天 | A 你今天看书了吗？
B 我今天玩儿了一整天，一点儿也没看。 |

❶
| 行李不多 | A 你的行李重不重？
B _____，一点儿也_____。 |

❷
| 逛了两个小时 | A 你买东西了吗？
B _____，一点儿也_____。 |

❸
| 今天温度很高 | A 今天冷吗？
B _____，一点儿也_____。 |

4 쓰기 내공 쌓기 · 주어진 표현을 활용하여 다음 문장을 중국어로 써보세요.

❶ 이 커피숍은 내일부터 문을 연다. (从…起)

➜ _____

❷ 차가 막히면, 우리 지하철을 타자. (…的话，就…)

➜ _____

❸ 요즘 내 운이 엉망이다. (透了)

➜ _____

track 09-8

彩虹
căihóng
무지개

梅雨
méiyǔ
장마

雨夹雪
yǔjiāxuě
진눈깨비

阵雨
zhènyǔ
소나기

闪电
shǎndiàn
번개

雾
wù
안개

微尘
wēichén
미세 먼지

台风
táifēng
태풍

冰雹
bīngbáo
우박

chapter 10

我对吃比较感兴趣。

Wǒ duì chī bǐjiào gǎn xìngqù.
나는 먹는 것에 관심이 좀 있어요.

Dialogue & Text

회화 1 취미 말하기①
회화 2 취미 말하기②
본문   취미 생활을 함께!

Grammar

1. 对…感兴趣
2. 跟…差不多
3. 不但…，而且…

Vocabulary

취미 관련 어휘를 알아 봐요.

track **10-1**

■ 주요 문장을 따라 읽으며 중국어의 뼈대를 다지세요.

01 对⋯感兴趣 ～대해 관심이 있다

我对 做菜 感兴趣。 Wǒ duì zuò cài gǎn xìngqù.

> 网络游戏
> wǎngluò yóuxì
> 온라인 게임
>
> 中国文化
> Zhōngguó wénhuà
> 중국 문화

02 A 跟 B 差不多 A와 B는 비슷하다

我的兴趣 跟 你 差不多。 Wǒ de xìngqù gēn nǐ chàbuduō.

> 北京的气温
> Běijīng de qìwēn
> 베이징의 기온
>
> 羊肉的价格
> yángròu de jiàgé
> 양고기의 가격

> 首尔
> Shǒu'ěr
> 서울
>
> 牛肉
> niúròu
> 소고기

03 不但 A, 而且 B A할 뿐만 아니라, 게다가 B하다

她 不但 演技不错 , 而且 长得也很美 。 Tā búdàn yǎnjì búcuò, érqiě zhǎng de yě hěn měi.

> 他
> tā
> 그
>
> 这家餐厅
> zhè jiā cāntīng
> 이 식당

> 很聪明
> hěn cōngming
> 똑똑하다
>
> 饭菜好吃
> fàncài hǎochī
> 요리가 맛있다

> 也诚实
> yě chéngshí
> 성실하기도 하다
>
> 服务热情
> fúwù rèqíng
> 서비스가 친절하다

生词 words

■ 새로 나온 단어를 따라 읽으며 익혀 보세요.

会话

☐☐ 没什么 méi shénme 아무것도 아니다, 별것 아니다

☐☐ 只是 zhǐshì ⏢ 다만, 오직

☐☐ 感兴趣 gǎn xìngqù 흥미를 느끼다, 관심을 갖다

☐☐ 兴趣 xìngqù 몡 흥미, 취미

☐☐ 差不多 chàbuduō 혱 비슷하다

☐☐ 比较 bǐjiào ⏢ 비교적

☐☐ 不但 búdàn 젭 ~뿐만 아니라

☐☐ 演员 yǎnyuán 몡 배우

☐☐ 演技 yǎnjì 몡 연기

☐☐ 女神 nǚshén 몡 여신

☐☐ 汤唯 Tāng Wéi 인명 탕웨이

课文

☐☐ 球迷 qiúmí 몡 구기 마니아

☐☐ 球赛 qiúsài 몡 구기 시합

☐☐ 队 duì 몡 팀

☐☐ 精彩 jīngcǎi 혱 멋지다, 훌륭하다

 **어휘 엿보기**

球迷의 迷는 어떤 사물에 도취된 사람을 말할 때 해당 명사 뒤에 붙여 쓰여요. 공과 관련된 운동을 나타내는 球 외에도 각 분야의 어휘 뒤에 迷만 붙이면 그 분야의 팬을 뜻해요. 그밖에 나이가 어린 팬을 迷妹, 迷弟라고도 해요.

예 足球迷 zúqiúmí 축구 팬   京剧迷 jīngjùmí 경극 팬   歌迷 gēmí 음악 팬   戏迷 xìmí 연극 팬

track 10-3

#1 동건과 샤오링이 요리에 대해 이야기하고 있어요.

东建 休息的时候，你一般做什么？
Dōngjiàn　Xiūxi de shíhou, nǐ yìbān zuò shénme?

小玲 没什么，和朋友一起喝喝茶、聊聊天儿。
Xiǎolíng　Méi shénme, hé péngyou yìqǐ hēhe chá、liáoliao tiānr.

东建 听说你做菜做得挺好的。
Dōngjiàn　Tīngshuō nǐ zuò cài zuò de tǐng hǎo de.

小玲 哪儿啊，我只是对做菜感兴趣。
Xiǎolíng　Nǎr a,　wǒ zhǐshì duì zuò cài gǎn xìngqù.

东建 我的兴趣跟你差不多。
Dōngjiàn　Wǒ de xìngqù gēn nǐ chàbuduō.

小玲 是吗？你也会做菜？
Xiǎolíng　Shì ma?　Nǐ yě huì zuò cài?

东建 一点儿也不会，我对吃比较感兴趣。
Dōngjiàn　Yìdiǎnr yě bú huì,　wǒ duì chī bǐjiào gǎn xìngqù.

❶ 小玲休息的时候一般做什么？

❷ 小玲对什么感兴趣？

❸ 你对什么感兴趣？

 # 2 하오민과 지원이 영화에 대해 이야기하고 있어요.

 track **10-4**

浩民　你喜欢看电影吗?
Hàomín　Nǐ xǐhuan kàn diànyǐng ma?

智媛　喜欢。我**不但**喜欢看韩国电影,
Zhìyuán　Xǐhuan.　Wǒ búdàn xǐhuan kàn Hánguó diànyǐng,

　　　　而且还喜欢看中国电影。
　　　　érqiě hái xǐhuan kàn Zhōngguó diànyǐng.

浩民　你喜欢哪个中国演员?
Hàomín　Nǐ xǐhuan nǎge Zhōngguó yǎnyuán?

智媛　汤唯。她不但演技不错,　而且长得也很美。
Zhìyuán　Tāng Wéi. Tā búdàn yǎnjì búcuò,　érqiě zhǎng de yě hěn měi.

浩民　她可是*很多人的女神呢!
Hàomín　Tā kě shì hěn duō rén de nǚshén ne!

> **Tip**
> * 여기서 可是는 부사 可와 동사 是의 결합이에요. 可는 강조하는 역할로 '대단히', '정말', '참으로'의 뜻이에요.

说一说 🎤

❶ 智媛喜欢哪国的电影?

❷ 智媛为什么喜欢汤唯?

❸ 你喜欢哪个演员?

■ 그림을 보고 대화를 완성해 보세요.

예

A 你喜欢什么?
Nǐ xǐhuan shénme?

B <u>我对游泳很感兴趣</u>。
Wǒ duì yóuyǒng hěn gǎn xìngqù.

❶

A 你喜欢什么?

B _____ 。

❷

A 你喜欢什么?

B _____ 。

❸

A 你喜欢什么?

B _____ 。

❹

A 你喜欢什么?

B _____ 。

track 10-5

浩民和智媛在一起半年多了。　智媛原来对足球不太感
Hàomín hé Zhìyuán zài yìqǐ bàn nián duō le.　Zhìyuán yuánlái duì zúqiú bú tài gǎn

兴趣，　可是浩民是个球迷，　经常看球赛，　所以有时候智媛
xìngqù,　kěshì Hàomín shì ge qiúmí,　jīngcháng kàn qiúsài,　suǒyǐ yǒushíhou Zhìyuán

会陪浩民一起看。　不过智媛最大的爱好是买东西。上个周末
huì péi Hàomín yìqǐ kàn.　Búguò Zhìyuán zuì dà de àihào shì mǎi dōngxi. Shàng ge zhōumò

有韩国队的比赛，　浩民先陪智媛去王府井买了很多衣服，然后
yǒu Hánguó duì de bǐsài,　Hàomín xiān péi Zhìyuán qù Wángfǔjǐng mǎile hěn duō yīfu, ránhòu

他们一起去看了球赛。　球赛很精彩，　他们都觉得很开心。
tāmen yìqǐ qù kànle qiúsài.　Qiúsài hěn jīngcǎi,　tāmen dōu juéde hěn kāixīn.

听一听 🎧 녹음 내용을 듣고 빈칸을 채운 후, 문장의 옳고 그름을 판단해 보세요.

track 10-6

❶ 浩民和智媛在一起＿＿＿＿＿＿＿＿＿＿＿＿＿。　　（　　）

❷ 智媛原来对足球＿＿＿＿＿＿＿＿＿＿＿＿＿。　　（　　）

❸ 上个周末他们＿＿＿＿＿＿＿，然后去买衣服了。　　（　　）

❹ 上个周末的＿＿＿＿＿＿＿＿＿＿＿＿＿＿＿。　　（　　）

语法

1 对…感兴趣

「对…感兴趣」형식은 '~대해 관심이 있다'라는 뜻을 나타내며, 「对…有兴趣」로 쓰일 수도 있다. 부정형은 「对…不感兴趣/没有兴趣」로 쓰인다.

> 我对韩国流行文化很感兴趣。 나는 한국 유행 문화에 흥미를 느낀다.
> Wǒ duì Hánguó liúxíng wénhuà hěn gǎn xìngqù.

> 你对这份工作有兴趣吗? 당신은 이 일에 관심이 있나요?
> Nǐ duì zhè fèn gōngzuò yǒu xìngqù ma?

> 他对历史一点儿也不感兴趣。 그는 역사에 전혀 흥미를 느끼지 않는다.
> Tā duì lìshǐ yìdiǎnr yě bù gǎn xìngqù.

체크 체크 제시된 단어를 배열하여 문장을 완성하세요.

❶ 我 / 感兴趣 / 化妆 / 不 / 对 ----→ _____

❷ 有 / 篮球 / 对 / 兴趣 / 吗 / 你 ----→ _____

❸ 小狗 / 有 / 我的 / 兴趣 / 很 / 对你 ----→ _____

2 跟…差不多

「A跟B差不多」는 'A와 B는 비슷하다'라는 뜻이며, 差不多 대신 一样을 쓰면 'A와 B는 같다'라는 뜻이 된다.

> 首尔的天气跟北京差不多。 서울의 날씨는 베이징과 비슷하다.
> Shǒu'ěr de tiānqì gēn Běijīng chàbuduō.

> 我的成绩跟你(的)一样。 나의 성적은 너와 같다.
> Wǒ de chéngjì gēn nǐ (de) yíyàng.

> 弟弟跟哥哥个子差不多, 但性格不一样。 남동생은 형과 키가 비슷하지만, 성격은 다르다.
> Dìdi gēn gēge gèzi chàbuduō, dàn xìnggé bù yíyàng.

체크 체크 다음 문장을 「跟…差不多」나 「跟…一样」 형식으로 바꿔 보세요.

❶ 我个子163cm，我的姐姐个子163.5cm。 ⟶ _____

❷ 苹果5块钱一斤，香蕉也是5块钱一斤。 ⟶ _____

❸ 今天气温23℃，昨天22℃。 ⟶ _____

3 不但…，而且…

「不但A，而且B」 형식은 'A할 뿐만 아니라, 게다가 B하다'라는 뜻으로 주로 두 개의 절을 연결하여 점층 관계를 나타낸다. 뒤 절에는 종종 还나 也가 오기도 하며, 不但 대신 不仅(bùjǐn)을 쓸 수도 있다.

他不但会游泳，而且游得非常好。
Tā búdàn huì yóuyǒng, érqiě yóu de fēicháng hǎo.
그는 수영을 할 줄 알 뿐만 아니라 게다가 아주 잘한다.

这件衣服不仅便宜，而且质量还不错。
Zhè jiàn yīfu bùjǐn piányi, érqiě zhìliàng hái búcuò.
이 옷은 저렴할 뿐만 아니라 게다가 품질도 괜찮다.

不但他喜欢吃饺子，而且他家人也很喜欢。
Búdàn tā xǐhuan chī jiǎozi, érqiě tā jiārén yě hěn xǐhuan.
그가 만두를 좋아할 뿐만 아니라 게다가 그의 가족도 좋아한다.

> **Tip**
> 앞 절과 뒤 절의 주어가 같을 경우에는 앞 절의 주어 뒤에 不但이 오고, 주어가 다를 경우에는 앞 절의 주어 앞에 不但이 와요.

체크 체크 다음 문장을 「不但…，而且…」 형식으로 바꿔 보세요.

❶ 他会说英语，也会说日语。 ⟶ _____

❷ 这个房子很大，租金便宜。 ⟶ _____

❸ 张老师来，李老师也来。 ⟶ _____

New 단어 流行 liúxíng 동 유행하다 | 历史 lìshǐ 명 역사 | 化妆 huàzhuāng 동 화장하다 | 一样 yíyàng 형 같다 | 香蕉 xiāngjiāo 명 바나나 | 质量 zhìliàng 명 품질

练习

1 문장 듣기 · 녹음을 듣고 문장과 일치하는지 ○, ×로 표시해 보세요.

❶ 我休息的时候什么也不做。 （　　　）

❷ 我对做中国菜感兴趣。 （　　　）

❸ 这套房子没有押金。 （　　　）

❹ 这件衣服的质量跟那件的不一样。 （　　　）

2 도전! 스피킹 · 아래 제시된 내용을 참고하여 중국어로 자유롭게 말해 보세요.

我原来对＿＿＿＿＿＿不太感兴趣，可是我的朋友是个＿＿＿＿＿＿迷。

有时候我会陪他一起＿＿＿＿＿，现在我也成了一个＿＿＿＿＿＿迷了。

New 단어　京剧 jīngjù 몡 경극

3 표현 연습 · 다음 표현을 사용하여 문장을 완성해 보세요.

예

吃
做

A 你喜欢韩国菜吗?

B 我<u>不但喜欢吃韩国菜</u>,

　　<u>而且(还)喜欢做韩国菜</u>。

❶

听
唱

A 你爱中国歌吗?

B 我不但_____, 而且(还)_____。

❷

不下雨
不刮风

A 今天天气怎么样?

B 不但_____, 而且(还)_____。

❸

会打篮球
打得很好

A 他会打篮球吗?

B 他不但_____, 而且(还)_____。

4 쓰기 내공 쌓기 · 주어진 표현을 활용하여 다음 문장을 중국어로 써보세요.

❶ 나는 중국 문화에 흥미를 느낀다. (对…感兴趣)

　➔ _____

❷ 이 신발의 가격은 저 신발과 다르다. (不一样)

　➔ _____

❸ 내가 하는 일은 당신과 비슷하다. (差不多)

　➔ _____

背包客
bēibāokè
백패커

普拉提
pǔlātí
필라테스

滑板
huábǎn
스케이트 보드

养植物
yǎng zhíwù
식물 키우기

冲浪
chōnglàng
서핑

摄影
shèyǐng
촬영

钓鱼
diàoyú
낚시

马拉松
mǎlāsōng
마라톤

理财
lǐcái
재테크

你怎么还没来?

Nǐ zěnme hái méi lái?

당신은 왜 아직도 안 왔어요?

主要句子 Key Expressions

■ 주요 문장을 따라 읽으며 중국어의 뼈대를 다지세요.

01 应该… 당연히 ~해야 하다

你 应该 早点儿出发 。 Nǐ yīnggāi zǎo diǎnr chūfā.

吃饭前
chī fàn qián
식사하기 전

父母
fùmǔ
부모

洗手
xǐ shǒu
손을 씻다

教育孩子
jiàoyù háizi
아이를 교육하다

02 每次 A 都 B 매번 A할 때마다 B하다

他每次 迟到 都 有理由 。 Tā měi cì chídào dōu yǒu lǐyóu.

出门
chūmén
나가다

放假
fàngjià
방학하다

不带手机
bú dài shǒujī
핸드폰을 지니지 않다

去旅行
qù lǚxíng
여행 가다

03 再 A 就 B 계속(다시) A한다면 B하다

再 不出发 就 来不及 了 。 Zài bù chūfā jiù láibují le.

不吃
bù chī
먹지 않다

不运动
bú yùndòng
운동하지 않다

凉
liáng
차갑다

生病
shēngbìng
병이 나다

生词 words

■ 새로 나온 단어를 따라 읽으며 익혀 보세요.

会话

- ☐☐ 堵车 dǔchē 통 차가 막히다
- ☐☐ 应该 yīnggāi 조통 ~해야 하다
- ☐☐ 闹钟 nàozhōng 명 알람 시계, 자명종
- ☐☐ 响 xiǎng 통 울리다, 소리가 나다
- ☐☐ 每次 měi cì 매번
- ☐☐ 迟到 chídào 통 지각하다
- ☐☐ 理由 lǐyóu 명 이유
- ☐☐ 来不及 láibují 통 시간에 못 맞추다, 늦다
- ☐☐ 来得及 láidejí 통 시간에 맞추다, 늦지 않다
- ☐☐ 着急 zháojí 형 조급하다
- ☐☐ 正常 zhèngcháng 형 정상적이다
- ☐☐ 再说 zàishuō 접 게다가
- ☐☐ 音乐会 yīnyuèhuì 명 음악회
- ☐☐ 办法 bànfǎ 명 방법

课文

- ☐☐ 刚 gāng 부 막, 방금
- ☐☐ 准时 zhǔnshí 형 정각이다
- ☐☐ 总 zǒng 부 항상, 언제나, 줄곧
- ☐☐ 一样 yíyàng 형 같다
- ☐☐ 习惯 xíguàn 명 습관
- ☐☐ 睡懒觉 shuì lǎnjiào 늦잠을 자다
- ☐☐ 变成 biànchéng 통 ~로 변하다, ~이 되다

어휘 엿보기

중국어는 하나의 글자에 발음과 성조가 여러 개인 경우가 있어요. 着急 zháojí의 着는 zháo 외에 zhāo, zhe, zhuó 총 4개의 발음과 성조가 있고, 和는 hé, hè, huò, huó, hú 총 5개를 가져 가장 많은 발음과 성조를 가진 다음자예요.

track **11-3**

#1 지원이 하오민에게 전화하고 있어요.

智媛 Zhìyuán	喂! 都*几点了? 你怎么还没来? Wéi! Dōu jǐ diǎn le? Nǐ zěnme hái méi lái?

浩民 Hàomín	等我五分钟, 我马上就到。 Děng wǒ wǔ fēnzhōng, wǒ mǎshàng jiù dào.

> **Tip**
> * 都는 주관적으로 '이미', '벌써'를 나타낼 때 쓰여요.

智媛 Zhìyuán	还得等五分钟? 我都等了半天了。 Hái děi děng wǔ fēnzhōng? Wǒ dōu děngle bàntiān le.

浩民 Hàomín	这个时间堵车, 你不知道吗? Zhège shíjiān dǔchē, nǐ bù zhīdào ma?

智媛 Zhìyuán	那你应该早点儿出发。 Nà nǐ yīnggāi zǎo diǎnr chūfā.

浩民 Hàomín	我的闹钟坏了, 早上没响, 所以我起晚了。 Wǒ de nàozhōng huài le, zǎoshang méi xiǎng, suǒyǐ wǒ qǐwǎn le.

智媛 Zhìyuán	你呀, 每次迟到都有理由。 Nǐ ya, měi cì chídào dōu yǒu lǐyóu.

❶ 浩民说什么时候到?

❷ 浩民为什么没早点儿起床?

❸ 你可以等朋友多长时间?

 # 2 지원이 하오민을 재촉하고 있어요.

智媛 都七点了，再不出发就来不及了。
Zhìyuán Dōu qī diǎn le, zài bù chūfā jiù láibují lo.

浩民 来得及，你别着急。
Hàomín Láidejí, nǐ bié zháojí.

智媛 东建半个小时以前就出发了。
Zhìyuán Dōngjiàn bàn ge xiǎoshí yǐqián jiù chūfā le.

浩民 他家比较远，早点儿出发很正常。
Hàomín Tā jiā bǐjiào yuǎn, zǎo diǎnr chūfā hěn zhèngcháng.

再说音乐会八点才开始呢！
Zàishuō yīnyuèhuì bā diǎn cái kāishǐ ne!

智媛 我真是拿你没办法*！
Zhìyuán Wǒ zhēnshi ná nǐ méi bànfǎ!

浩民 好了，都准备完了。
Hàomín Hǎo le, dōu zhǔnbèi wán le.

> **Tip**
> * 拿…没办法는 '~에 대해 방법이 없다', '~에게 두 손 두 발 다 들었다'라는 뜻으로 구어체에서 쓰여요.

说一说 🎤

❶ 智媛和浩民要去做什么？

❷ 浩民觉得来得及吗？

❸ 你有什么坏习惯？

*坏 huài 혱 (성품·품질이) 나쁘다

■ 그림을 보고 대화를 완성해 보세요.

예

剪

A 我的头发很长。
Wǒ de tóufa hěn cháng.

B <u>你应该剪头发。</u>
Nǐ yīnggāi jiǎn tóufa.

❶ 连衣裙

A 我穿什么去约会呢?

B _____。

❷ 戒指

A 我要买求婚礼物,买什么呢?

B _____。

❸ 锻炼

A 怎么才能跟你一样有个好身材呢?

B _____。

❹ 款式

A 我的车开了很多年了,总是坏。

B _____。

New 단어 剪 jiǎn 통 자르다, 깎다 | 头发 tóufa 명 머리카락 | 戒指 jièzhi 명 반지 | 求婚 qiúhūn 통 청혼하다 |
锻炼 duànliàn 통 (신체를) 단련하다 | 身材 shēncái 명 체격, 몸매 | 款式 kuǎnshì 명 스타일, 디자인

智媛刚认识浩民的时候，每次约会浩民都很准时。可是
Zhìyuán gāng rènshi Hàomín de shíhou, měi cì yuēhuì Hàomín dōu hěn zhǔnshí. Kěshì

最近不知道为什么，他经常迟到。时间最长的一次，智媛等了
zuìjìn bù zhīdào wèishénme, tā jīngcháng chídào. Shíjiān zuì cháng de yí cì, Zhìyuán děngle

他四十分钟。浩民迟到时总有自己的理由，而且每次都不一样。
tā sìshí fēnzhōng. Hàomín chídào shí zǒng yǒu zìjǐ de lǐyóu, érqiě měi cì dōu bù yíyàng.

智媛知道浩民有个坏习惯——睡懒觉。可是，为什么原来他
Zhìyuán zhīdào Hàomín yǒu ge huài xíguàn—shuì lǎnjiào. Kěshì, wèishénme yuánlái tā

不这样，现在变成这样了呢？
bú zhèyàng, xiànzài biànchéng zhèyàng le ne?

听一听 🎧 녹음 내용을 듣고 빈칸을 채운 후, 문장의 옳고 그름을 판단해 보세요.

track 11-6

❶ 以前约会时，浩民＿＿＿＿＿＿＿＿＿＿。   （   ）

❷ 浩民最近迟到时＿＿＿＿＿＿＿＿＿＿＿。   （   ）

❸ 智媛有＿＿＿＿＿＿＿＿＿＿＿＿的习惯。   （   ）

❹ 浩民＿＿＿＿＿＿＿智媛＿＿＿＿＿＿＿。   （   ）

语法

1 조동사 应该

得(děi)가 의무상 '~해야 하다'는 의미라면, 应该는 도리상의 요구로 '당연히 ~해야 하다'의 뜻으로 구어체에서는 该로 쓰기도 한다. 부정형은 不应该로 쓰며, 긍정과 부정을 연이어 쓸 경우에는 应不应该로 쓴다.

你应该提前做好计划。 당신은 미리 계획을 잘 세워야 돼요.
Nǐ yīnggāi tíqián zuòhǎo jìhuà.

我觉得你该先把作业做完。 나는 네가 먼저 숙제를 다 해야 한다고 생각해.
Wǒ juéde nǐ gāi xiān bǎ zuòyè zuòwán.

你不应该告诉他我们俩的秘密。 너는 그 사람한테 우리 둘의 비밀을 알려 주지 말았어야 돼.
Nǐ bù yīnggāi gàosu tā wǒmen liǎ de mìmì.

체크 체크 다음 문장을 바르게 고치세요.

❶ 你应该不把电脑借给他。 ------▶ _____

❷ 你昨天没应该喝酒。 ------▶ _____

❸ 你跟她说应该清楚。 ------▶ _____

---

2 再…就…

「再…就…」 형식은 '계속(다시) ~한다면 ~하다'라는 의미의 가정 관계로, 만약 계속 이런 식으로 간다면 어찌될 것임을 나타낸다.

再不快点儿做就得加班了。 조금 더 빨리 하지 않으면 야근을 해야 한다.
Zài bú kuài diǎnr zuò jiù děi jiābān le.

再晚一点儿就赶不上飞机了。 조금 더 늦으면 비행기를 놓친다.
Zài wǎn yìdiǎnr jiù gǎn bu shàng fēijī le.

再不快付款就卖光了。 빨리 결제하지 않으면, 곧 매진된다.
Zài bú kuài fùkuǎn jiù màiguāng le.

체크 체크 제시된 단어를 배열하여 문장을 완성하세요.

❶ 起床 / 就 / 了 / 要 / 再 / 迟到 / 不   ⟶ _____

❷ 再 / 不 / 失败 / 就 / 努力 / 了   ⟶ _____

3 来得及와 来不及

来得及는 시간적으로 여유가 있어서 늦지 않음을 나타내고, 来不及는 시간이 촉박하여 제시간에 맞출 수 없음을 나타낸다. 来得及와 来不及 뒤에는 동사만 올 수 있다.

最近特别忙，有时候来不及吃饭。 요즘에 너무 바빠서, 때때로 밥 먹을 시간이 없다.
Zuìjìn tèbié máng, yǒushíhou láibují chī fàn.

还有两个小时飞机才起飞，喝杯咖啡也来得及。
Hái yǒu liǎng ge xiǎoshí fēijī cái qǐfēi, hē bēi kāfēi yě láidejí.
아직 두 시간 있어야 비로소 비행기가 이륙하니, 커피 마셔도 늦지 않는다.

坐公交车去来不及了，还是打车去吧。 버스를 타고 가면 늦으니, 택시를 타는 게 좋겠다.
Zuò gōngjiāochē qù láibují le, háishi dǎchē qù ba.

체크 체크 빈칸에 来得及 또는 来不及를 써서 문장을 완성하세요.

❶ 已经八点五十分了，走路去_____了。

❷ 别着急，现在出发还_____，我开车送你去。

New 단어 提前 tíqián 동 (예정된 시간이나 위치를) 앞당기다 | 计划 jìhuà 명 계획 | 加班 jiābān 동 초과 근무하다 |
赶不上 gǎn bu shàng 따라가지 못하다 | 付款 fùkuǎn 동 결제하다 | 失败 shībài 동 실패하다

练习

1 문장 **듣기** · 녹음을 듣고 문장과 일치하는지 ○, ×로 표시해 보세요.

track 11-7

❶ 我经常来不及吃早饭。 ( )

❷ 坐出租车去来得及。 ( )

❸ 我等了他半个小时。 ( )

❹ 这个时间应该早点儿出发。 ( )

2 도전! 스피킹 · 아래 제시된 내용을 참고하여 중국어로 자유롭게 말해 보세요.

我知道我有一个坏习惯，那就是＿＿＿＿＿＿＿＿＿＿。

我应该＿＿＿＿＿＿＿＿＿，但是我＿＿＿＿＿＿＿＿。

我真拿自己没办法。

New 단어 抽烟 chōuyān 圏 담배를 피우다 | 戒烟 jièyān 圏 금연하다 |
暴饮暴食 bào yǐn bào shí 폭음 폭식하다

3 표현 연습 · 다음 표현을 사용하여 문장을 완성해 보세요.

예

起床	都七点了,
来不及	再<u>不起床</u>就<u>来不及</u>了。

❶

找她	姐姐明天出国,
见不到	再_____就_____了。

❷

进去	都7点45分了,
关门	再_____就_____了。

❸

打的	火车20分钟以后出发,
赶不上	再_____就_____了。

4 쓰기 내공 쌓기 · 주어진 표현을 활용하여 다음 문장을 중국어로 써보세요.

❶ 그녀는 매번 여행 갈 때마다 아이를 데리고 간다. (每次)

➤ _____

❷ 지금 슈퍼마켓을 가기에는 늦었다. (来不及)

➤ _____

❸ 당신은 이 일을 당연히 나에게 알렸어야 했다. (应该)

➤ _____

幸福
xìngfú
행복하다

愉快
yúkuài
즐겁다

自豪
zìháo
자부심을 느끼다

自卑
zìbēi
열등감을 가지다

紧张
jǐnzhāng
긴장하다

害怕
hàipà
두려워하다

生气
shēngqì
화나다

难过
nánguò
괴롭다

讨厌
tǎoyàn
싫다

chapter 12

你想做什么工作?

Nǐ xiǎng zuò shénme gōngzuò?

당신은 무슨 일을 하고 싶어요?

主要句子 Key Expressions

■ 주요 문장을 따라 읽으며 중국어의 뼈대를 다지세요.

---

01 不是…吗 ~ 아닌가요? [반문]

你赚的钱 不是 挺多的 吗? Nǐ zhuàn de qián bú shì tǐng duō de ma?

他写的字 tā xiě de zì 그가 쓴 글자	很漂亮 hěn piàoliang 매우 예쁘다
这次假期 zhè cì jiàqī 이번 휴가	挺长的 tǐng cháng de 아주 길다

---

02 A 比 B… A는 B보다 ~하다

自媒体人 比 公司职员 轻松 多了。 Zìméitǐrén bǐ gōngsī zhíyuán qīngsōng duō le.

北京 Běijīng 베이징	广州 Guǎngzhōu 광저우	冷 lěng 춥다
他的工资 tā de gōngzī 그의 월급	我 wǒ 나	多 duō 많다

---

03 除了 A 以外，也… A 외에, 또 ~하다

除了 轻松 以外，也很 自由。 Chúle qīngsōng yǐwài, yě hěn zìyóu.

聪明 cōngming 똑똑하다	可爱 kě'ài 귀엽다
安静 ānjìng 조용하다	干净 gānjìng 깨끗하다

生词 words

■ 새로 나온 단어를 따라 읽으며 익혀 보세요.

会话

- □□ **当** dang 图 ~이 되나, 남낭하나
- □□ **自媒体人** zìméitǐrén 图 1인 미디어
- □□ **赚** zhuàn 图 벌다
- □□ **加班** jiābān 图 초과 근무하다
- □□ **辛苦** xīnkǔ 图 수고하다
- □□ **那倒是** nà dào shì 그건 그래요
- □□ **轻松** qīngsōng 图 수월하다
- □□ **空姐** kōngjiě 图 스튜어디스
- □□ **晚会** wǎnhuì 图 저녁 파티
- □□ **热闹** rènao 图 번화하다, 왁자지껄하다
- □□ **新年** xīnnián 图 새해
- □□ **愿望** yuànwàng 图 소망
- □□ **总统** zǒngtǒng 图 대통령
- □□ **醉** zuì 图 취하다
- □□ **开玩笑** kāi wánxiào 농담하다, 놀리다
- □□ **平安** píng'ān 图 평안하다, 무사하다

课文

- □□ **工资** gōngzī 图 급어, 월급
- □□ **以上** yǐshàng 图 이상[수량, 등급 등이 어떤 경계선을 초과함을 가리킴]
- □□ **除了** chúle 团 ~을 제외하고
- □□ **以外** yǐwài 图 이외
- □□ **自由** zìyóu 图 자유롭다
- □□ **稳定** wěndìng 图 안정적이다

 **어휘 엿보기**

醉는 옛 글자에서 '술'을 뜻하는 酉(yǒu)와 '마치다', '죽다'를 뜻하는 卒(zú)가 합쳐져 '술을 죽을 때까지 마시다' 혹은 '죽을 만큼 술에 취하다'의 의미가 되었어요. 요즘에는 너무 어이없거나 놀랐을 때 '참, 어이없다'는 표현으로 真是醉了!라고 해요.

会话 Dialogue

track 12-3

#1 원원과 동건이 희망 직업에 대해 이야기하고 있어요.

文文　　东建哥，你在哪儿工作？
Wénwen　Dōngjiàn gē, nǐ zài nǎr gōngzuò?

东建　　我在一家大公司工作，现在准备当自媒体人。
Dōngjiàn　Wǒ zài yì jiā dà gōngsī gōngzuò, xiànzài zhǔnbèi dāng zìméitǐrén.

文文　　在大公司工作赚的钱不是挺多的吗？
Wénwen　Zài dà gōngsī gōngzuò zhuàn de qián bú shì tǐng duō de ma?

东建　　赚的钱多是多，不过经常加班，很辛苦。
Dōngjiàn　Zhuàn de qián duō shì duō, búguò jīngcháng jiābān, hěn xīnkǔ.

文文　　那倒是。　自媒体人比公司职员轻松多了。
Wénwen　Nà dào shì.　Zìméitǐrén bǐ gōngsī zhíyuán qīngsōng duō le.

东建　　文文，你以后想做什么工作？
Dōngjiàn　Wénwen, nǐ yǐhòu xiǎng zuò shénme gōngzuò?

文文　　我想当空姐或者演员。
Wénwen　Wǒ xiǎng dāng kōngjiě huòzhě yǎnyuán.

❶ 东建在哪儿工作？
❷ 东建的工作怎么样？
❸ 你想做什么工作？

지원은 친구와 새해 소원을 말하고 있어요.

同学	今年的晚会比去年热闹多了。
tóngxué	Jīnnián de wǎnhuì bǐ qùnián rènao duō le.

智媛	是呀。对了*，你的新年愿望是什么？
Zhìyuán	Shì ya.　Duìle,　nǐ de xīnnián yuànwàng shì shénme?

同学	我最大的愿望是当总统！
tóngxué	Wǒ zuì dà de yuànwàng shì dāng zǒngtǒng!

智媛	你喝醉了吧？
Zhìyuán	Nǐ hēzuì le ba?

> **Tip**
> * 对了는 '맞다', '아참'이라
> 는 뜻으로 어떤 일이 문득 떠
> 올랐을 때 쓰는 표현이에요.

同学	哈哈，跟你开玩笑的。
tóngxué	Hāhā,　gēn nǐ kāi wánxiào de.

我希望家人和朋友都健健康康、平平安安。
Wǒ xīwàng jiārén hé péngyou dōu jiànjian kāngkāng、píngping ān'ān.

智媛	我的新年愿望跟你一样。
Zhìyuán	Wǒ de xīnnián yuànwàng gēn nǐ yíyàng.

 说一说 🎤

❶ 今年的晚会怎么样？

❷ 智媛有什么新年愿望？

❸ 你有什么新年愿望？

■ 그림을 보고 대화를 완성해 보세요.

예

小民 迈克

A 迈克和小民谁跑得快？
　Màikè hé Xiǎomín shéi pǎo de kuài?

B <u>小民比迈克跑得快多了</u>。
　Xiǎomín bǐ Màikè pǎo de kuài duō le.

❶

A 哥哥和妹妹谁的成绩高？

B ＿＿＿＿＿＿＿＿＿＿＿＿＿＿＿＿ 。

❷

姐姐

妹妹

A 姐姐和妹妹谁起得早？

B ＿＿＿＿＿＿＿＿＿＿＿＿＿＿＿＿ 。

❸

安娜　　　小英

A 安娜和小英谁的词典厚？

B ＿＿＿＿＿＿＿＿＿＿＿＿＿＿＿＿ 。

❹

A 爸爸和妈妈谁更忙？

B ＿＿＿＿＿＿＿＿＿＿＿＿＿＿＿＿ 。

东建在一家很有名的公司工作。 他的工资很高， 不过
Dōngjiàn zài yì jiā hěn yǒumíng de gōngsī gōngzuò.　　Tā de gōngzī hěn gāo,　　búguò

经常加班， 每天都得工作十个小时以上。有时候， 连周末也
jīngcháng jiābān,　měi tiān dōu děi gōngzuò shí ge xiǎoshí yǐshàng. Yǒushíhou, lián zhōumò yě

不能休息。 东建觉得太辛苦， 决定当自媒体人。 自媒体人除了
bù néng xiūxi.　Dōngjiàn juéde tài xīnkǔ,　juédìng dāng zìméitǐrén.　Zìméitǐrén chúle

轻松以外， 工作时间也很自由。 不过自媒体人的工作没有
qīngsōng yǐwài,　gōngzuò shíjiān yě hěn zìyóu.　Búguò zìméitǐrén de gōngzuò méiyǒu

公司职员稳定。
gōngsī zhíyuán wěndìng.

听一听 녹음 내용을 듣고 빈칸을 채운 후, 문장의 옳고 그름을 판단해 보세요.

track 12-6

❶ 东建＿＿＿＿＿＿＿＿＿＿＿＿＿＿＿＿＿＿比较多。　　（　　）

❷ 东建的工作＿＿＿＿＿＿＿＿＿＿＿＿＿＿＿＿。　　（　　）

❸ 东建觉得工作＿＿＿＿＿＿＿＿＿＿＿＿＿＿。　　（　　）

❹ 自媒体人除了＿＿＿＿＿以外，还＿＿＿＿＿。　　（　　）

语法

1 不是…吗?

반어문 「不是…吗?」는 명확한 사실에 대해 되묻는 어투를 더해 의도하는 바를 강조하며 긍정의 의미를 나타낸다.

你不是去过中国吗? 介绍一下儿吧。 너 중국에 가본 적이 있지 않아? 소개 좀 해봐.
Nǐ bú shì qùguo Zhōngguó ma? Jièshào yíxiàr ba.

明天不是有考试吗? 你怎么还在玩儿? 내일 시험 있지 않아? 너 왜 아직 놀고 있어?
Míngtiān bú shì yǒu kǎoshì ma? Nǐ zěnme hái zài wánr?

> ✓ 체크 체크　다음 문장을 「不是…吗」 형식을 사용하여 반어문으로 바꾸세요.
>
> ❶ 这是你的大衣。　　　──→ _____
>
> ❷ 她不喜欢吃鱼。　　　──→ _____
>
> ❸ 我把书放在桌子上了。　──→ _____

2 구체적인 비교 표현

比 비교문의 술어 뒤에 多了나 一点儿, 수량사를 써서 두 대상 간의 차이를 나타낼 수 있다.

> (A + 比 + B + 형용사 + 多了/一点儿/수량사)

新工作比以前的轻松多了。 새로운 일은 예전 일보다 더 수월하다.
Xīn gōngzuò bǐ yǐqián de qīngsōng duō le.

今天比昨天冷一点儿。 오늘은 어제보다 조금 춥다.
Jīntiān bǐ zuótiān lěng yìdiǎnr.

姐姐比我大三岁。 언니(누나)는 나보다 세 살 많다.
Jiějie bǐ wǒ dà sān suì.

这套房子的租金比那套贵五百块。 이 집의 임대료는 저 집보다 500위안 비싸다.
Zhè tào fángzi de zūjīn bǐ nà tào guì wǔbǎi kuài.

✓ 체크 체크 比字文을 사용하여 문장을 완성하세요.

❶ 上次假期3天，这次假期5天。

→ 这次假期_____。

❷ 这件衣服非常漂亮，那件衣服一点儿也不漂亮。

→ 这件衣服_____。

3 除了…以外，也/还…

'~ 외에, 또/더 ~하다'라는 뜻으로, 以外는 생략이 가능하다. 일반적으로 주어의 위치는 주어가 같은 경우에는 除了 앞이고, 주어가 다른 경우에는 除了 뒤와 뒤 절 맨 앞이다.

我除了喜欢跳舞以外，也喜欢唱歌。
Wǒ chúle xǐhuan tiàowǔ yǐwài, yě xǐhuan chànggē.
나는 춤추는 것을 좋아하는 것 외에, 노래 부르는 것도 좋아한다.

除了济州岛以外，韩国还有很多好地方。
Chúle Jìzhōudǎo yǐwài, Hánguó hái yǒu hěn duō hǎo dìfang.
제주도 외에, 한국에는 좋은 곳이 더 많다.

除了姐姐会说汉语以外，我和弟弟也会说汉语。
Chúle jiějie huì shuō Hànyǔ yǐwài, wǒ hé dìdi yě huì shuō Hànyǔ.
언니(누나)가 중국어를 할 줄 아는 것 외에, 나와 남동생도 중국어를 할 줄 안다.

✓ 체크 체크 「除了…以外，也/还…」 형식을 사용하여 문장을 완성하세요.

❶ 我们班只有我一个韩国人，别的同学都是中国人。

→ _____，我们班别的同学都是中国人。

❷ 他买了香蕉、苹果、橘子和梨。

→ 他除了苹果和梨，_____。

New 단어 假期 jiàqī 몡 휴가 기간, 휴일 | 梨 lí 몡 배

练习

1 문장 듣기 · 녹음을 듣고 문장과 일치하는지 ○, ×로 표시해 보세요.

❶ 他晚上去参加晚会。 ( )

❷ 我准备当演员。 ( )

❸ 他的工资比我的工资多一百块。 ( )

❹ 这份工作除了工资很高以外，还很辛苦。 ( )

2 도전! 스피킹 · 아래 제시된 내용을 참고하여 중국어로 자유롭게 말해 보세요.

― OO대학교 학생들의 희망 직업 ―

公务员	公司职员	老师	医生	创业	其他
260名	300名	30名	20名	40名	320名

❶ A 这些大学生最想做的工作是什么？

B _____

❷ A 想当公务员的学生比想当公司职员的多吗？

B _____

❸ A 想当老师的学生比想当医生的多多少？

B _____

New 단어 公务员 gōngwùyuán 몡 공무원 | 创业 chuàngyè 통 창업하다 |
其他 qítā 때 기타

162 스피킹 중국어 STEP 3

3 표현 연습 · 다음 표현을 사용하여 문장을 완성해 보세요.

> 예
>
> 东建
> 别的同学都到了
>
> 除了东建以外，别的同学都到了。

❶ 玩儿网络游戏
整天什么事儿也不干

他除了_____以外，

_____。

❷ 我不知道这件事
别人也都不知道这件事

除了_____以外，

_____。

❸ 喜欢弹吉他
喜欢做运动

孩子除了_____以外，

也_____。

4 쓰기 내공 쌓기 · 주어진 표현을 활용하여 다음 문장을 중국어로 써보세요.

❶ 엄마가 만든 요리는 내가 만든 요리보다 더 맛있다. (比)

→ _____

❷ 나는 운동선수나 경찰이 되고 싶다. (当)

→ _____

❸ 너 주말에 약속 있지 않아? (不是…吗)

→ _____

艺人
yìrén
연예인

油管博主
yóuguǎn bózhǔ
유튜버

网络漫画家
wǎngluò mànhuàjiā
웹툰 작가

宠物保姆
chǒngwù bǎomǔ
펫 시터

服装师
fúzhuāngshī
패션 디자이너

咖啡师
kāfēishī
바리스타

程序员
chéngxùyuán
프로그래머

面包师
miànbāoshī
제빵사

新闻主播
xīnwén zhǔbō
뉴스 앵커

复习

fùxí

chapter 07-12의
주요 학습 내용 체크

핵심 어법

1 시량보어와 了

시량보어가 있는 문장에서 동태조사 了와 어기조사 了가 함께 쓰이면 동작이 과거에서 현재까지 계속 지속되고 있음을 나타낸다.

> 我学了一年的汉语。 중국어를 1년 동안 배웠다. [완료 → 더 이상 배우지 않는다]
> Wǒ xuéle yì nián de Hànyǔ.

> 我学了一年的汉语了。 중국어를 1년째 배우고 있다. [지속 → 지금까지 배우고 있다]
> Wǒ xuéle yì nián de Hànyǔ le.

2 把자문

❶ 把자문은 개사 把를 사용하여 어떤 특정한 목적어를 어떻게 처리했는지 또한 그 처리 결과가 어떠한지를 강조하는 문장이다. 把자문에서 동사 뒤에는 반드시 기타 성분이 있어야 한다.

(주어) + 把 + (목적어) + 동사 + (기타 성분)

동작의 주체   동작의 대상   了, 着, 동사 중첩, 보어(가능보어 제외)

> 快把饭吃了。 어서 밥 먹어라. [기타 성분 → 了]
> Kuài bǎ fàn chī le.

❷ 시간부사, 부정부사, 조동사는 반드시 把 앞에 위치해야 한다.

> 我没把垃圾扔出去。 나는 쓰레기를 밖으로 버리지 않았다.
> Wǒ méi bǎ lājī rēng chūqu.

> 你能把这些材料交给王老师吗?
> Nǐ néng bǎ zhèxiē cáiliào jiāogěi Wáng lǎoshī ma?
> 이 자료들을 왕 선생님께 건네줄 수 있어?

❸ 把자문에 자주 쓰이는 결과보어로는 到, 在, 给 등이 있다.

> 他们把病人送到了医院。 그들은 환자를 병원으로 이송했다.
> Tāmen bǎ bìngrén sòngdàole yīyuàn.

> 他把书包放在了椅子上。 그는 책가방을 의자에 놓아두었다.
> Tā bǎ shūbāo fàngzàile yǐzi shang.

> 请把那本书还给我。 그 책을 나에게 돌려주세요.
> Qǐng bǎ nà běn shū huángěi wǒ.

3 비교 표현

❶ A跟B差不多 : A와 B는 비슷하다

首尔的天气跟北京差不多。 서울의 날씨는 베이징과 비슷하다.
Shǒu'ěr de tiānqì gēn Běijīng chàbuduō.

❷ A跟B一样 : A와 B는 같다

我的成绩跟你(的)一样。 나의 성적은 너와 같다.
Wǒ de chéngjì gēn nǐ (de) yíyàng.

❸ A+比+B+형용사+多了/一点儿/수량사 : A는 B보다 (~만큼) ~하다

今天比昨天冷一点儿。 오늘은 어제보다 조금 춥다.
Jīntiān bǐ zuótiān lěng yìdiǎnr.

4 주요 구문 ②

❶ 要是…就好了 : 만약 ~했으면 좋겠다

要是能拿到奖学金就好了。 장학금을 받을 수 있으면 좋겠다.
Yàoshi néng nádào jiǎngxuéjīn jiù hǎo le.

❷ …的话，就… : ~하다면, ~하다

没人反对的话，我们就去吃火锅吧。 반대하는 사람이 없으면, 우리 훠궈 먹으러 가자.
Méi rén fǎnduì dehuà, wǒmen jiù qù chī huǒguō ba.

❸ 一点儿也不/没… : 조금도 ~하지 않다

这个行李箱一点儿也不重。 이 여행 가방은 하나도 안 무겁다.
Zhège xínglixiāng yìdiǎnr yě bú zhòng.

❹ 再…就… : 계속(다시) ~한다면 ~하다

再晚一点儿就赶不上飞机了。 조금 더 늦으면 비행기를 놓친다.
Zài wǎn yìdiǎnr jiù gǎn bu shàng fēijī le.

❺ 除了…以外，也/还… : ~ 외에, 또/더 ~하다

我除了喜欢跳舞以外，也喜欢唱歌。 나는 춤추는 것을 좋아하는 것 외에, 노래 부르는 것도 좋아한다.
Wǒ chúle xǐhuan tiàowǔ yǐwài, yě xǐhuan chànggē.

스피킹 표현

01 지속 시간 말하기

A 你的韩语说得也很棒!
Nǐ de Hányǔ shuō de yě hěn bàng!

B 我都学了一年的韩语了。
Wǒ dōu xuéle yì nián de Hányǔ le.

A 너는 한국어도 정말 훌륭해!

B 나 한국어를 벌써 1년째 배우고 있잖아.

02 부탁하기

A 你能帮我一下吗?
Nǐ néng bāng wǒ yíxià ma?

B 什么事儿?
Shénme shìr?

A 把这件大衣送到302教室。
Bǎ zhè jiàn dàyī sòngdào sān líng èr jiàoshì.

B 行。
Xíng.

A 나를 좀 도와줄 수 있어?

B 무슨 일인데?

A 이 외투를 302호 교실로 가져다주겠니?

B 좋아.

03 일기예보 말하기

A 我觉得最近的天气预报不太准。
Wǒ juéde zuìjìn de tiānqì yùbào bú tài zhǔn.

B 可不，上次天气预报说会下雨，
Kěbù, shàng cì tiānqì yùbào shuō huì xiàyǔ,

可是一点儿也没下。
kěshì yìdiǎnr yě méi xià.

A 나는 요새 일기예보가 그다지 정확하지 않은 것 같아.

B 그러게 말이야. 지난번에는 일기예보에서 비가 올 거라고 했는데, 전혀 내리지 않았어.

04 날씨 말하기

A 听说从明天起，气温会下降。
　　Tīngshuō cóng míngtiān qǐ, qìwēn huì xiàjiàng.

　　可能会下雪。
　　Kěnéng huì xiàxuě.

B 下雪的话，就可以去玩儿雪了。
　　Xiàxuě dehuà, jiù kěyǐ qù wánr xuě le.

A 내일부터 기온이 내려갈 수 있대.
　　아마도 눈이 올 수 있어.

B 눈이 온다면 눈 놀이를 하러 갈 수 있겠다.

---

05 취미 말하기

A 听说你做菜做得挺好的。
　　Tīngshuō nǐ zuò cài zuò de tǐng hǎo de.

B 哪儿啊，我只是对做菜感兴趣。
　　Nǎr a, wǒ zhǐshì duì zuò cài gǎn xìngqù.

A 듣자 하니 너 요리를 꽤 잘한다던대.

B 뭘. 나는 단지 요리하는 것에 관심이 있을 뿐이야.

---

06 재촉하기

A 都七点了，再不出发就来不及了。
　　Dōu qī diǎn le, zài bù chūfā jiù láibují le.

B 来得及，你别着急。
　　Láidejí, nǐ bié zháojí.

A 벌써 7시야. 출발하지 않으면 늦고 말 거야.

B 늦지 않아, 서두르지 마.

---

07 반어 표현

A 在大公司工作赚的钱不是挺多的吗?
　　Zài dà gōngsī gōngzuò zhuàn de qián bú shì tǐng duō de ma?

B 赚的钱多是多，不过经常加班，很辛苦。
　　Zhuàn de qián duō shì duō, búguò jīngcháng jiābān, hěn xīnkǔ.

A 대기업에서 일하면 버는 돈이 꽤 많지 않아?

B 버는 돈이 많긴 많은데, 자주 야근을 해서 아주 힘들어.

실력 테스트

track **12-9**

1 단어 듣기 · 녹음을 듣고 단어를 쓴 후, 병음과 뜻도 써보세요.

	단어	병음	뜻
예	渐渐	jiànjiàn	점점, 차츰
❶			
❷			
❸			
❹			
❺			

track **12-10**

2 문장 듣기 · 녹음을 듣고 일치하는 사진을 고르세요.

A

B

C

D

❶ _____ ❷ _____ ❸ _____ ❹ _____

3 어법 · 다음 〈보기〉 중 빈칸에 들어갈 알맞은 단어를 고르세요.

> 보기   要是   应该   差不多   把

❶ _____我们能成为好朋友就好了。

❷ 请_____那本书还给我。

❸ 弟弟跟哥哥个子_____，但性格不一样。

❹ A 妈妈我能出去玩儿吗？

  B 你_____先把作业做完，然后出去玩儿。

4 독해 · 다음 〈보기〉 중 제시된 문장에 상응하는 문장을 고르세요.

> 보기   A 那太好了！我们出去玩儿雪吧。
>
>   B 再不出发就来不及了。
>
>   C 是妈妈给我买的生日礼物的。
>
>   D 我只是对看球赛感兴趣。

❶ 是不是你妈妈给你买的？   (   )

❷ 听说从明天起会下雪。   (   )

❸ 你对足球感兴趣吗？   (   )

❹ 音乐会几点开始？还来得及吗？   (   )

5 말하기 1 · 사진을 보고 대화를 완성하세요.

❶

A 你把围巾放在哪儿了?

B _____。

❷

A _____?

B 除了唱歌以外，我还对跳舞感兴趣。

6 말하기 2 · 다음 질문의 대답을 생각하여 빈칸을 채워 보세요.

❶ 你对什么运动感兴趣?　　❷ 你为什么喜欢这个运动?

❸ 你做了多少时间了?　　❹ 你什么时候做这个运动?

我对_____。
Wǒ duì _____.

_____除了_____，还_____。
_____ chúle _____, hái _____.

我_____了。
Wǒ _____ le.

_____的话，我就_____。
_____ dehuà, wǒ jiù _____.

부록

정답 및 해석
찾아보기

정답 및 해석

01 我来介绍一下。
제가 소개 좀 해보겠습니다.

主要句子   해석 ➔ 14쪽

1 제가 제 소개를 좀 할게요.
제가 설명을 좀 할게요.
제가 점검을 좀 할게요.

2 이곳에 공부하러 온 것을 환영해요.
중국에 여행하러 온 것을 환영해요.
우리 회사에 일하러 온 것을 환영해요.

3 제 생각에 당신은 중국어를 틀림없이 잘할 거 같아요.
제 생각에 당신은 농구를 틀림없이 잘할 거 같아요.
제 생각에 당신은 그림을 틀림없이 잘 그릴 거 같아요.

会话

#1   해석 ➔ 16쪽

왕 선생님   여러분 안녕하세요. 제가 소개를 좀 할게요. 내 성은 왕 씨고, 왕리라고 해요. 이 반의 회화 선생님이에요.

동건   왕 선생님, 안녕하세요. 저는 박동건이라고 합니다. 회사원이에요.

지원   저는 이지원이라고 해요. 대학생이에요.

왕 선생님   여러분이 이곳에 공부하러 온 것을 환영해요. 우리가 좋은 친구가 될 수 있기를 빌어요.

说一说 🔊   정답 ➔ 16쪽

참고 답안

① 她教口语。
② 他不是大学生，他是公司职员。
③ 我是银行职员。

#2   해석 ➔ 17쪽

동건   제가 소개를 좀 할게요. 이 분은 나의 중국어 선생님, 왕 선생님이셔.

이쪽은 제 여동생 영애예요. 중문과 학생이랍니다.

영애   안녕하세요. 만나 뵙게 되어 기뻐요.

왕 선생님   안녕, 나도 만나서 반갑구나. 내 생각에 너는 중국어를 분명히 잘 할 것 같구나.

영애   천만에요, 저는 잘하지 못해요.

说一说 🔊   정답 ➔ 17쪽

참고 답안

① 她是东建的妹妹。
② 她是中文系的学生。
③ 我汉语说得很不错。

看和说   정답 ➔ 18쪽

① 这位是护士
② 这位是老师
③ 这位是空姐
④ 这位是棒球运动员

课文   해석 ➔ 19쪽

왕 선생님 반에 새로운 학생이 왔는데, 동건이라고 한다. 그는 회사원인데, 정말 착하다. 어제 왕 선생님은 왕푸징에서 동건과 그의 여동생을 만났다. 동건은 왕 선생님에게 그의 여동생을 소개했다. 알고 보니 그의 여동생은 중문과 학생이어서, 중국어를 잘한다. 그들 세 사람은 함께 점심을 먹으며, 즐겁게 이야기를 나누었다.

听一听 🔊   정답 ➔ 19쪽

① 东建是王老师的新学生。(○)
② 东建是一名公司职员。(○)
③ 昨天王老师在王府井遇到了东建。(○)
④ 东建的妹妹不会说汉语。(×)

语法   정답 ➔ 20~21쪽

1 ②

2 ① 범위   ② 표면

练习 정답 → 22~23쪽

1 ① × ② ○ ③ × ④ ○

녹음 원문
① 他英语说得很不错。
② 我来自我介绍一下。我叫马小东，是一名大学生。
③ 我们班上新来了一名学生。
④ 原来姐姐的男朋友是中文系的学生，中文说得不错。

2 참고 답안
A 我来介绍一下。
这位是东建 / 山本 / 小玲，他(她)是
韩国 / 日本 / 中国人，是公司职员 /
留学生 / 大学生。
B 您好，认识您很高兴。
C 你好，认识你，我也很高兴。你中文
说得很不错 / 很好 / 不错。
B 谢谢您!

3 ① 姐姐 / 中文歌 / 唱 / 姐姐 / 中文歌 /
唱 / 很好听
② 他 / 足球 / 踢 / 他 / 足球 / 踢 / 不怎
么样
③ 哥哥 / 午饭 / 吃 / 哥哥 / 午饭 / 吃 /
不好

4 ① 我来回答一下老师的问题。
② 欢迎来我家玩儿。
③ 桌子上有一杯咖啡。

 **02 来一个麻婆豆腐。**
마파두부 하나 주세요.

主要句子 해석 → 26쪽

1 여기 마파두부 하나 주세요.
여기 아이스 라떼 한 잔 주세요.
여기 밥 한 그릇 주세요.

2 우리 다 먹을 수 있나요?
우리 다 할 수 있나요?
우리 다 마실 수 있나요?

3 비록 문 연 지 반 개월밖에 안 되지만 손님이 많았다.
비록 배운 지 반년밖에 안 되지만 말을 잘한다.
비록 조금만 먹었지만 배고프지 않다.

会话

#1 해석 → 28쪽

종업원 여기 메뉴판입니다. 무엇을 드시겠습니까?
하오민 '마파두부' 하나, '궈바로우' 하나, 그리고 '마라
탕' 하나 주세요.
동건 우리 다 먹을 수 있어?
하오민 안심해, 분명히 다 먹을 수 있어.
종업원 주식은 어떤 것으로 주문하시겠습니까?
하오민 볶음밥 두 그릇 주시고, 맥주 한 병 가져다 주
세요.

说一说 정답 → 28쪽
참고 답안
① 他们点了三个菜，有一个麻婆豆腐、一
个锅包肉和一个麻辣烫。
② 他觉得一定吃得完。
③ 我吃过锅包肉和羊肉串儿。

#2 해석 → 29쪽

하오민 오늘은 내가 너한테 한턱낼 게, 내가 계산하지.
동건 그럼 고마워. 다음엔 내가 너에게 한국 음식을
대접 할게.
하오민 좋아! 종업원, 계산해 주세요.
종업원 네, 전부 128위안입니다.
하오민 위챗으로 QR코드를 스캔해서 계산할게요.
동건 QR코드를 스캔해서 계산을 하니 정말 편리하
네!

说一说 정답 → 29쪽
참고 답안
① 今天浩民请客。
② 他用微信扫二维码结账。
③ 我经常扫二维码买东西。

看和说 정답 ➡ 30쪽

① 来两碗拌饭
② 来一听可乐
③ 来三盘包子
④ 来三斤苹果

课文 해석 ➡ 31쪽

듣자 하니 학교 부근에 먹자골목이 새로 개업했다고 한다. 동건과 지원은 어제저녁에 갔다. 이 먹자골목이 문을 연 지 반 개월 정도밖에 안 되었지만, 손님들이 매우 많았다. 지원이 한번 세어 보니, 이곳에는 최소한 50여 개의 먹거리가 있었다. 그녀는 이 많은 음식을 모두 맛보고 싶었지만, 아쉽게도 다 먹을 수가 없었다. 동건은 하루 종일 밥을 먹지 않아 많이 먹었다.

听一听 정답 ➡ 31쪽

① 东建昨天晚上去了小吃街。(○)
② 那条小吃街是新开的。(○)
③ 小吃街的客人不多。(×)
④ 智媛吃了五十多种小吃。(×)

语法 정답 ➡ 32~33쪽

2 ① 出不去
  ② 看得懂
  ③ 买不了

3 ① 这件衣服虽然很便宜，但是不好看。
  ② 我虽然去过北京，但是还想去。

练习 정답 ➡ 34~35쪽

1 ① ○   ② ×   ③ ×   ④ ○

녹음 원문
① 服务员，来一碗炒饭、一个麻婆豆腐、一个锅包肉。
② 妈妈做了十多种菜，我全都吃得完。
③ 冬天来了，外面天气冷死了。
④ 我用微信扫二维码结账吧。

2 참고 답안

A 这是菜单，你们吃点儿什么？
B 来一个锅包肉、一个北京烤鸭和一个麻婆豆腐。
A 主食要点儿什么？
B 一盘饺子，再来一瓶汽水。
A 服务员，买单。
B 好的，一共140块。

3 ① 吃不完
  ② 喝不了
  ③ 看不懂

4 ① 来一碗面条和一听啤酒。
  ② 我家附近新开了一家咖啡厅。
  ③ 虽然暑假了，但是我得准备毕业考试。

03 今天车真难打呀！
오늘 차 잡기 정말 어렵네요!

主要句子 해석 ➡ 38쪽

1 먼저 15번을 타고 나서 기차역에서 환승해요.
  먼저 120번을 타고 나서 중국은행에서 환승해요.
  먼저 258번을 타고 나서 동물원에서 환승해요.

2 빠르긴 빠른데 조금 멀어요.
  맛있긴 맛있는데 좀 매워요.
  예쁘긴 예쁜데 좀 비싸요.

3 오늘 차 잡기 정말 어렵네요!
  오늘 표 사기 정말 어렵네요!
  오늘 강연 이해하기 정말 어렵네요!

会话

#1 해석 ➡ 40쪽

지원 말 좀 물어볼게요, 국가도서관에 가려면 몇 번 버스를 타야 하나요?

행인 15번을 타고 가서, 기차역에서 환승하세요.

176   스피킹 중국어 STEP **3**

지원　환승하는 건 너무 번거로워요. 바로 가는 버스가 있나요?

행인　없어요. 그런데 지하철 9호선을 타면 바로 갈 수 있어요.

지원　고맙습니다. 지하철을 타면 아마 조금 더 빠르겠죠?

행인　빠르긴 빠른데, 지하철역이 조금 멀어요. 10분 걸어가야 해요.

说一说 🔊　정답 ➔ 40쪽

참고 답안

① 先坐15路，然后到火车站换乘。
② 坐地铁9号钱可以直达国家图书馆。
③ 我坐公交车去学校(公司)。
　또는 我先坐公交车，然后换乘地铁。

 # 2　해석 ➔ 41쪽

지원　오늘 차 잡기 정말 어렵네요!

기사　그렇죠. 출근 시간에는 늘 이래요.

지원　'장안로'로 가면 조금 빠르지 않나요?

기사　그게 확실하지 않아요.
　　　이 시간에는 차가 심하게 막히거든요.

지원　국가도서관까지 시간이 얼마나 걸릴까요?

기사　대략 20~30분이요.

说一说 🔊　정답 ➔ 41쪽

참고 답안

① 上班时间车堵得很厉害。
② 这可难说。
③ 我旅游的时候经常打车。

看和说　정답 ➔ 42쪽

① 漂亮是漂亮 / 太贵了
② 有意思是有意思 / 太难了
③ 好玩儿是好玩儿 / 太累了
④ 好是好 / 太热了

课文　해석 ➔ 43쪽

　오늘 베이징에 첫눈이 내려, 날씨가 조금 추웠다. 지원은 공항에 친구를 데리러 가야 했다. 공항은 멀어 바로 가는 버스가 없고, 지하철역은 또 너무 멀었다. 결국, 그녀는 택시를 타고 가기로 결정했다. 하지만, 지금은 출근 시간이라서 차를 잡기 어려운데 게다가

차가 아주 많이 막혔다. 지원은 택시를 타는 것이 편하긴 편한데, 그다지 편리하지 않다고 생각했다.

听一听 🔊　정답 ➔ 43쪽

① 今天北京下了第一场雪。(○)
② 智媛要去机场送朋友。(×)
③ 上班时间车很难打。(○)
④ 车堵得很厉害。(○)

语法　정답 ➔ 44~45쪽

1　① 儿子先洗手，然后吃饭。
　　② 我们先去北京，然后去上海。

2　① 王老师的课难是难，不过很有意思。
　　② 这家饭馆儿贵是贵，不过菜很好吃。

4　① B　　② B

练习　정답 ➔ 46~47쪽

1　① ○　　② ×　　③ ×　　④ ×

녹음 원문

① 咱们先坐地铁4号线，然后换乘公交车去图书馆吧。
② 地铁会快一些，而且走五分钟就可以到地铁站。
③ 上班时间堵车很厉害，坐出租车不太方便。
④ 今天的作业很难做，我有几道题不会。

2　참고 답안

A　请问，去棒球场坐几路公交车？
B　先坐461路公交车，然后到大学公园换乘地铁四号线。
A　要多长时间？
B　大概三十六分钟。
A　谢谢！

3　① 做完作业 / 看电视
　　② 吃完饭 / 去王府井逛街
　　③ 学汉语 / 去中国旅游

4　① 你的名字真难写！
　　② 去天安门坐几路公交车？
　　③ 这双鞋好看是好看，不过太大了。

04 去邮局怎么走?

우체국에 어떻게 가나요?

主要句子 해석 → 50쪽

1 마트는 여기에서 얼마나 멀어요?
화장실은 여기에서 얼마나 멀어요?
체육관은 여기에서 얼마나 멀어요?

2 당신은 다른 사람에게 물어보는 게 좋겠어요.
당신은 걸어서 가는 게 좋겠어요.
당신은 유학을 가는 게 좋겠어요.

3 그녀는 행인에게 우체국을 어떻게 가는지 물어요.
그녀는 친구에게 인사해요.
그녀는 아이에게 웃어요.

会话

#1 해석 → 52쪽

지원   말 좀 물어볼게요. 우체국에 어떻게 가나요?
행인   앞으로 쭉 가다가 두 번째 사거리에서 우회전하면 돼요.
지원   여기에서 얼마나 멀어요?
행인   대략 7~8분 걸려요.
지원   죄송한데요, 다시 좀 여쭤 볼게요. 근처에 꽃집이 있나요?
행인   길 맞은편에 있어요. 앞에 있는 횡단보도 쪽으로 길을 건너야 해요.

说一说 정답 → 52쪽

참고 답안

① 一直往前走，到第二个十字路口往右拐。
② 走到邮局大概七八分钟。
③ 我会问别人怎么走。
　[또는] 我会用手机找路。

#2 해석 → 53쪽

지원   실례합니다만, 근처에 은행이 있나요?
행인 1 저도 몰라요. 다른 사람에게 물어보는 편이 좋겠어요.

행인 2 저 알아요, 맞은편에 은행이 있어요.

지원   그래요? 어떻게 큰길을 건너 가나요?
행인 2 왼쪽으로 가서 지하통로로 건너가세요.
지원   정말 감사합니다!

说一说 정답 → 53쪽

참고 답안

① 第一个行人让智媛问别人。
② 先往左走，然后从地下通道过去。
③ 一直往前走，到人行横道过马路。

看和说 정답 → 54쪽

① 哥哥多高 / 一米八
② 北京路多长 / 一千五百米
③ 奶奶多大年纪 / 八十二岁
④ 超市离地铁站多远 / 二百米

课文 해석 → 55쪽

　지원은 우체국에 가서 언니에게 결혼 선물을 보내주고 싶었다. 학교 근처에 마침 우체국이 있다고 들었는데, 그녀는 어떻게 가야 하는지 몰랐다. 그래서 그녀는 행인에게 우체국을 어떻게 가는지 물어보았다. 한 사람이 학교 정문에서 쭉 앞으로 가다가, 두 번째 사거리에서 우회전하면 된다고 알려주었다. 지원은 마음씨 좋은 사람을 만나서 오늘 자신이 운이 좋다고 생각했다.

听一听 정답 → 55쪽

① 智媛想给姐姐寄结婚礼物。(○)
② 学校附近没有邮局。(×)
③ 智媛向行人打听怎么去邮局。(○)
④ 智媛觉得今天运气不好。(×)

语法 정답 → 56~57쪽

1 ① 离　　　　　　② 从

3 ① ~하는 편이 더 좋다
　　② ~하는 편이 더 좋다
　　③ 여전히

练习 정답 → 58~59쪽

1 ① ○　　　② ×　　　③ ×　　　④ ○

① 我不知道怎么去银行，所以向一个行人问路。
② 这两本书很重，还是去邮局寄吧。
③ 你得从前面的人行横道过马路，对面就有一家商店。
④ 体育馆离这儿不太远，走着去要十分钟。

2 참고 답안

A 请问，去医院 / 电影院怎么走？
B 一直往前走，到第二个十字路口往左拐 / 第二个十字路口往右拐。
A 不好意思，我再问一下儿，附近有书店 / 网吧吗？
B 马路对面有，你过马路 / 往左过马路吧。

3 참고 답안

① 公司 / 你家 / 一个小时
② 百货商店 / 这儿 / 十五分钟
③ 地铁站 / 电影院 / 五六分钟

4 ① 我身体不舒服，还是回家休息吧。
② 一个学生向我问路。
③ 我去邮局给朋友寄了生日礼物。

05 我想找一套房子。

나는 집을 구하고 싶어요.

主要句子 해석 ➔ 62쪽

1 그것은 이것만큼 좋지 않다.
남동생은 형만큼 키가 크지 않다.
서울은 베이징만큼 춥지 않다.

2 당신은 1인실을 예약 하셨나요, 아니면 2인실을 예약 하셨나요?
당신은 독일에 갔나요, 아니면 프랑스에 갔나요?
당신은 핸드폰을 샀나요, 아니면 컴퓨터를 샀나요?

3 건강을 위해, 나는 이사를 할 계획이다.
친구의 생일을 보내기 위해, 케이크를 살 계획이다.
해외여행을 가기 위해, 돈을 모을 계획이다.

会话

#1 해석 ➔ 64쪽

지원 집을 구하려고 하는데요. 이 부근에 적당한 곳이 있나요?

부동산 중개인 마침 맞은편에 하나가 있어요. 게다가 보증금도 없어요.

지원 임대료는 한 달에 얼마예요?

부동산 중개인 여기는 교통이 편리해서 조금 비싸요, 3,000위안이에요.

지원 좀 싼 것은 없나요?

부동산 중개인 있긴 있는데, 그 집은 이 집만큼 좋지는 않아요.

지원 제가 다시 고려 좀 해 볼게요.

说一说 정답 ➔ 64쪽

참고 답안

① 对面那套房子没有押金。
② 一个月三千块钱。
③ 我想找没有押金的房子。
또는 我想找又大又便宜的房子。

#2 해석 ➔ 65쪽

동건 안녕하세요. 체크인하려고 합니다. 인터넷으로 예약했어요.

종업원 안녕하세요, 신분증을 주세요.

동건 신분증은 없고, 여권이 있어요.

종업원 1인실을 예약하셨나요, 아니면 2인실을 예약하셨나요?

동건 1인실을 예약했어요.

종업원 알겠습니다. 조금만 기다려 주세요. 바로 카드키를 드릴게요.

说一说 정답 ➔ 65쪽

참고 답안

① 他在办理入住。
② 他预订的是单人间。
③ 我一般预订交通方便的酒店。

课文　해석 ➡ 67쪽

　지원의 기숙사 룸메이트인 안나는 올빼미다. 낮에 지원이 공부할 때, 안나는 잠을 잔다. 저녁에 지원이 잠들려고 할 때, 안나는 인터넷 게임을 한다. 이 일은 지원을 정말 머리 아프게 한다. 지원은 건강을 위해, 이사를 계획했다. 오늘 그녀는 중개인을 통해 새집을 찾았다. 비록 밖에서 사는 것이 기숙사만큼 싸지는 않지만, 지원은 혼자 사는 게 훨씬 편하다고 생각한다.

听一听　정답 ➡ 67쪽

① 安娜早上在宿舍玩儿游戏。(×)
② 安娜让智媛很头疼。(○)
③ 安娜打算搬出宿舍去。(×)
④ 智媛觉得一个人住更方便。(○)

语法　정답 ➡ 68~69쪽

1 ① 这杯咖啡有那杯咖啡甜吗？/
　　这杯咖啡没有那杯咖啡甜。
　② 张老师有王老师大吗？/
　　张老师没有王老师大。

2 ②

3 ① 为了买生日礼物，我逛了一整天街。
　② 为了开车回家，他决定不喝酒了。

练习　정답 ➡ 70~71쪽

1 ① ○　　② ×　　③ ○　　④ ×

> **녹음 원문**
> ① 中介人告诉我，这套房子的租金是一个月2000块钱。
> ② 为了能好好儿睡觉，我开始运动了。
> ③ 这条裤子比那条裙子便宜。
> ④ 我想办理入住，我在网上预订了单人间。

2 참고 답안

A 周末我去旅行。我在网上预订了房间。
B 你预订的是单人间还是双人间？
A 我预订的是双人间。
B 你住几个晚上？
A 我住一个晚上。
B 房费多少钱？
A 一共两百六十块钱。

3 ① 电影票 / 韩国电影 / 中国电影 / 中国电影
　② 飞机票 / 七点半 / 九点 / 九点

4 ① 我通过老师交了一个日本朋友。
　② 妈妈为了孩子的健康，做了好吃的菜。
　③ 这个手机有电脑那么贵吗？

 06 我被自行车撞了。

나는 자전거에 부딪혔어요.

主要句子　해석 ➡ 74쪽

1 나는 자전거에 부딪혔어요.
　도둑이 핸드백을 훔쳐갔어요.
　고양이가 우유를 마셨어요.

2 교통카드까지 잃어버렸어요.
　밥 먹을 돈도 없어요.
　선생님도 몰라요.

3 나는 그녀에게 선물을 보내 주었다.
　나는 그녀에게 100위안을 빌려 주었다.
　나는 그녀에게 책 두 권을 부쳐 주었다.

会话

　해석 ➡ 76쪽

동건　너 왜 그래? 안색이 별로 안 좋아.
하오민　말도 마. 나 방금 자전거에 부딪혔어.

동건 　뭐라고? 다쳤어?

하오민 　다치진 않았어. 그런데 나를 친 사람이 울었어.

동건 　응? 그 사람은 왜 울었는데?

하오민 　겨우 5살인 어린 여자아이였거든.

说一说 🔊 정답 ➜ 76쪽

참고 답안

① 他刚才被自行车撞了。

② 他没受伤。

③ 我踢足球的时候被撞了，脚受伤了。

 # 2 해석 ➜ 77쪽

동건 　나도 오늘 정말 재수 없었어.

하오민 　너는 어떤 재수 없는 일이 있었어?

동건 　오늘 버스를 기다릴 때, 도둑이 지갑을 훔쳐 갔어.

하오민 　무엇을 잃어버렸는데?

동건 　100위안이랑 신용 카드 2장. 심지어 교통 카드 까지 잃어버렸어.

하오민 　아이고, 너가 나보다 더 재수 없구나!

说一说 🔊 정답 ➜ 77쪽

참고 답안

① 他的钱包被小偷偷了。

② 他丢了一百块钱、两张信用卡，连交通 卡也丢了。

③ 我在图书馆学习时书包被人偷了。 또는 我的外卖被人拿走了。

看和说 정답 ➜ 78쪽

① 小偷 / 他被警察抓住了

② 礼物 / 礼物被妹妹包好了

③ 词典 / 词典被人拿走了

④ 自行车 / 自行车被小偷偷走了

课文 해석 ➜ 79쪽

오늘 하오민과 동건이는 함께 축구를 하기로 약속 했다. 그런데 집을 나설 때, 하오민은 자전거와 부딪혔 다. 운전을 한 것은 여자아이였고, 그녀는 심하게 울 었다. 하오민은 방법이 없어, 할 수 없이 막대 사탕을 사다가 여자아이에게 주었다. 운동장에 도착하니, 동 건은 하오민에게 지갑을 도둑 맞았다고 알려주었다. 아이고, 그들 둘은 오늘 정말 재수가 없다.

听一听 🔊 정답 ➜ 79쪽

① 浩民和东建约好一起踢足球。(○)

② 浩民被一辆出租车撞了。(×)

③ 东建的钱包被偷了。(○)

④ 他们俩今天真是倒霉死了。(○)

语法 정답 ➜ 80~81쪽

1 ① 那个杯子被我打碎了。

　② 鱼被小猫吃了。

3 ① B　　　② D

练习 정답 ➜ 82~83쪽

1 ① ○　　② ×　　③ ×　　④ ○

녹음 원문

① 孩子肚子疼，一整天没吃饭。

② 我的自行车被小偷偷走了，朋友借给了 我他的自行车。

③ 回家时，我被摩托车撞了。

④ 我在公共汽车上丢了三百块钱，真是倒 霉死了！

2 ① 智媛的手提包被一个学生找到了。

　② 智媛丢了钱包、平板电脑和身份证。

　③ 汉语书没被小偷偷走。

3 ① 爱人 / 不知道

　② 老师 / 没得满分

　② 吃饭的钱 / 没有了

4 ① 蛋糕被他吃光了。

　② 我借给朋友一本汉语书。

　③ 我跟朋友约好了一起看电影。

복습 01

실력 **테스트**　정답 ➔ 90∼92쪽

1　① 方便 / fāngbiàn / 편리하다
　　② 麻烦 / máfan / 번거롭다, 귀찮다
　　③ 决定 / juédìng / 결정하다
　　④ 刚才 / gāngcái / 방금, 막
　　⑤ 健康 / jiànkāng / 건강하다

녹음 원문
① 方便　　② 麻烦　　③ 决定
④ 刚才　　⑤ 健康

2　① B　　② D　　③ A　　④ C

녹음 원문
① A 我来自我介绍一下。
　 我叫张东建。我是公司职员。
　B 您好，认识您很高兴。
② A 这是菜单，你们吃点儿什么？
　B 来一个锅包肉、一个北京烤鸭和一个
　 麻婆豆腐。
③ A 请问，去电影院坐几路公交车？
　B 先坐320路公交车，然后到银行换乘。
④ A 您预订的是单人间还是双人间？
　B 我预订的是双人间。

3　① 可
　　② 离
　　③ 连
　　④ 被

4　① C　　② A　　③ B　　④ D

5　① 牛奶被弟弟喝完了
　　② 我送给爷爷一份礼物

6　참고 답안
我今天请朋友吃晚饭了。
Wǒ jīntiān qǐng péngyou chī wǎnfàn le.
我是扫二维码结账的。
Wǒ shì sǎo èrwéimǎ jiézhàng de.

我们先坐地铁，然后换乘公交车，去天
安门了。
Wǒmen xiān zuò dìtiě, ránhòu huànchéng
gōngjiāochē, qù Tiān'ānmén le.
在公交车上，我的钱包被小偷偷了。
Zài gōngjiāochē shang, wǒ de qiánbāo bèi
xiǎotōu tōu le.

你打扮得真帅。
당신 정말 멋있게 차려 입었군요.

主要句子　해석 ➔ 94쪽

1　너는 데이트하러 가는 거지, 맞지?
　너는 감기에 걸린 거지, 맞지?
　너는 일이 생긴 거지, 맞지?

2　나는 한국어를 1년 동안 공부하고 있다.
　나는 옛날 이야기를 2시간 동안 이야기하고 있다.
　나는 단어를 5분 동안 암기하고 있다.

3　만약 그가 수영을 할 수 있으면 좋겠다.
　만약 그가 새차를 샀으면 좋겠다.
　만약 그가 복권에 당첨되었으면 좋겠다.

会话

1　해석 ➔ 96쪽

원원　　오빠, 멋지게 차려 입었네.
　　　　지원 언니랑 데이트 하러 가는 거지, 맞지?
하오민　오늘은 네 말이 왜 이렇게 듣기 좋지?
원원　　뭘. 그리고, 오빠는 한국어도 정말 훌륭해!
하오민　나 한국어를 벌써 1년째 배우고 있잖아.
원원　　정말 부럽다. 공부도 잘하고 여자 친구도 예쁘고.
하오민　아부하지 마. 너 또 용돈이 필요한 거지?

说一说　정답 ➔ 96쪽
참고 답안
① 他今天打扮得很帅。
② 他学韩语学了一年了。
③ 我去留学的时候交过越南朋友。

2　해석 ➜ 97쪽

하오민　너 수영할 줄 알아?

지원　그야 당연하지!

난 단숨에 800m를 수영할 수 있다고!

하오민　너 정말 대단하구나.

나는 수영을 반 년째 배우고 있는데, 여전히 맥주병이야.

지원　내가 너를 가르쳐 줄까?

하오민　그럼 감사합니다. 선생님!

说一说 정답 ➜ 97쪽

참고 답안

① 她游泳游得很好。（또는）她一口气能游八百米。

② 他还不会游泳。

③ 我在练瑜伽，练了三个月了。

看和说 정답 ➜ 98쪽

① 他骑了四十分钟的车了。

② 他看了半个小时的报纸了。

③ 他坐了一个半小时的飞机了。

④ 她打了四十分钟的电话了。

课文 해석 ➜ 99쪽

지원은 중국에 온 지 1년이 넘어, 중국 생활에 점점 적응되었다. 그녀는 중국 남자 친구를 사귀게 되었는데, 이름은 하오민이다. 그들은 반 년째 연애하고 있다. 하오민은 잘생겼고 성격도 좋다. 아쉬운 것은 지원은 수영을 좋아하지만, 하오민은 할 줄 모른다. 지원은 하오민이 수영을 할 수 있으면 좋겠다고 생각했다.

听一听 정답 ➜ 99쪽

① 智媛来中国快要一年了。（×）

② 智媛还没适应中国的生活。（×）

③ 浩民长得帅，性格也不错。（○）

④ 智媛希望浩民会游泳。（○）

语法 정답 ➜ 100~101쪽

1　① 你是不是上午上课？

② 你们是不是去看电影？

③ 他个子是不是很高？

2　① D　　②B

3　① 天气太热了，要是凉快一点儿就好了。

② 这台电脑太贵了，要是便宜一点儿就好了。

练习 정답 ➜ 102~103쪽

1　①○　　②×　　③○　　④×

> **녹음 원문**
>
> ① 弟弟喜欢玩儿游戏，我希望他学习努力一点儿。
>
> ② 去年我学了日语，但是只学了半个月。
>
> ③ 我每天早上跑步，一口气跑一个小时。
>
> ④ 今天跟他打篮球打了一个小时，玩儿得很开心。

2　**참고 답안**

A 你会游泳 / 说英语 / 弹吉他吗？

B 我学游泳学 / 英语学 / 弹吉他学了半年 / 两年 / 三个月了，但是现在还是游得很慢 / 说得不好 / 弹得不好，要是我能游得快 / 说得好 / 弹得好一点儿就好了。

3　**참고 답안**

① 不工作 / 见朋友

② 休息 / 回老家

③ 请假 / 去旅游

4　① 天气渐渐冷了。

② 我学了一年的网球了。

（또는）我学网球学了一年了。

③ 明天不下雨，是不是？

（또는）明天是不是不下雨？

08 把空调关了吧。
에어컨을 꺼주세요.

主要句子 해석 ➔ 106쪽

1 나는 외투를 친구 집에 두었다.
나는 핸드폰을 책가방 안에 두었다.
나는 여권을 서랍 안에 두었다.

2 이 책들을 교실로 가져다 놓아요.
차를 앞쪽에 세워요.
소포를 상하이로 부쳐요.

3 너무 바빠서, 나는 점심을 먹지 못했다.
이 옷은 너무 비싸서, 나는 (돈이 없어) 살 수 없다.
차가 고장 나서, 나는 택시를 타고 출근했다.

会话

#1 해석 ➔ 108쪽

지원　너무 추워. 에어컨을 끄자.

하오민　지금 온도가 딱 맞는데, 너 외투 입어.

지원　이런! 나 외투를 샤오링 집에 두고 왔어.

하오민　이 덜렁이!

지원　샤오링한테 전화 걸어서, 내일 가져오라고 해
야지.

하오민　내가 에어컨 끄는 것이 좋겠네.

说一说 🎧 정답 ➔ 108쪽

참고 답안

① 她把大衣放在小玲家了。
② 她让小玲明天把大衣拿给她。
③ 是的，要是不开空调就会热死的。

#2 해석 ➔ 109쪽

샤오링　나를 좀 도와줄 수 있어?

급우　무슨 일인데?

샤오링　이 외투를 302호 교실로 가져다주겠니?

급우　좋아. 누구한테 건네줄까?

샤오링　내 한국 친구에게 줘.
나 지금 급한 일이 있어서 가야 해.

급우　좀 기다려. 그 애 이름이 뭔지 나에게 알려 줘
야지!

说一说 🎧 정답 ➔ 109쪽

참고 답안

① 她让同学把大衣送到302教室。
② 她让同学把大衣交给她的韩国朋友。
③ 我的朋友帮我预订过飞机票。

看和说 정답 ➔ 110쪽

① 摆在窗台上 / 花摆在窗台上
② 送到医院 / 孩子送到医院
③ 借给小民 / 词典借给小民
④ 写成牛饭 / 午饭写成牛饭

课文 해석 ➔ 111쪽

　　일요일에 지원은 샤오링 집에 초대를 받아서 갔다.
돌아갈 때, 외투를 샤오링 집에 놓고 왔다. 다음날, 샤
오링은 너무 바빠서, 같은 반 친구에게 외투를 지원에
게 주라고 했다. 그녀의 친구는 지원을 알지 못했고,
단지 그녀가 한국 유학생인 것만 알았다. 지원의 반에
는 '지원(智元)'이라는 남학생이 있다. 결국, 그 친구는
남학생에게 외투를 건네주었다. 지원(智媛)은 '알고 보
니, 덜렁이가 매우 많구나'라고 생각했다.

听一听 🎧 정답 ➔ 111쪽

① 智媛去小玲家做客了。(○)
② 小玲把大衣放在智媛家了。(×)
③ 那个同学把大衣交给了一个男生。(○)
④ 那个同学也认识智媛。(×)

语法 정답 ➔ 112～113쪽

1 ① 我不想把那本书给你。
② 我打算两点把作业做完。
③ 请你把这本书送给他。

1　① ×　　② ○　　③ ×　　④ ×

> **녹음 원문**
> ① 今天奶奶回老家, 妈妈把奶奶送到了机场。
> ② 朋友因为搬到了新家, 所以周末请我去他家玩儿了。
> ③ 我有急事儿, 你帮我把材料交给老师吧。
> ④ 我放在桌子上的书你看见了没有?

2　**참고 답안**

　A 喂, 你能帮我一下吗?
　B 什么事儿?
　A 我把书包 / 帽子 / 雨伞放在沙发上 / 桌子上 / 门口了, 你看见了吗?
　B 看见了。
　A 你帮我把书包 / 帽子 / 雨伞送到学校吧。
　B 行。

3　① 因为我的钱包被人偷了, 所以我走路回家了。
　② 因为这星期天是我的生日, 所以我打算请朋友吃饭。
　③ 因为我工作很忙, 所以今天不能去约会。

4　① 我让妹妹把衣服还给我。
　② 糟糕, 我把手机放在公司了。
　③ 你能帮我把孩子送到补习班吗?

09　明天可能会下雨。
내일은 아마 비가 올 거예요.

主要句子　해석 ➔ 118쪽

1　비가 조금도 내리지 않았다.
기분이 조금도 좋지 않다.
성적이 조금도 오르지 않았다.

2　내일부터 온도가 떨어질 것이다.
다음 주부터 날씨가 따뜻해질 것이다.
내일부터 나는 열심히 공부해야 한다.

3　눈이 온다면 눈 놀이를 하러 갈 수 있다.
한국에 온다면 경복궁에 갈 수 있다.
방학한다면 여행을 갈 수 있다.

会话

#1　해석 ➔ 120쪽

동건　내일은 토요일이니까, 우리 등산하러 가자.
하오민　일기예보에서 내일은 아마 비가 올 수 있다고 했어.
동건　그래? 그렇지만 나는 요새 일기예보가 그다지 정확하지 않은 것 같아.
하오민　그러게 말이야. 지난번에는 일기예보에서 비가 올 거라고 해서 내가 우산을 가져갔는데, 전혀 내리지 않았어.
동건　그럼 내일 아침에 날씨를 좀 보고 다시 얘기하자.

说一说　정답 ➔ 120쪽

참고 답안

① 天气预报说明天可能会下雨。
② 因为上次天气预报说会下雨, 可是一点儿也没下。
③ 我觉得天气预报不太准。

#2　해석 ➔ 121쪽

지원　요즘 날씨 정말 안 좋다.
하오민　내일부터 기온이 내려갈 수 있대.
지원　눈이 올 수 있대?
하오민　아마도 눈이 올 수 있어.
지원　그럼 잘 됐다! 눈이 온다면 눈 놀이를 하러 갈 수 있겠다.
하오민　눈이 쌓일지 안 쌓일지는 단언하기 어려워.
지원　함박눈이 내리길 바라야지.

참고 답안

① 从明天起, 气温会下降。
② 下雪的话, 她想去玩儿雪。
③ 我想在家一边休息一边看雪。
　[또는] 我想去滑雪。

看和说 정답 → 122쪽

① 北京 / 从明天起 / 天气会阴
② 纽约 / 从后天起 / 会下雪
③ 香港 / 从今天起 / 天气会暖和
④ 巴黎 / 从下个星期起 / 会下雨

课文 해석 → 123쪽

　겨울 방학이 되었다. 지원과 동건은 어제 상하이에 도착하여, 한 달간 공부하려고 한다. 일기예보에서 오늘 눈이 올 거라고 해서 지원은 아침에 나올 때, 외투를 입고 모자를 썼다. 길에서 많은 사람들이 그녀를 쳐다 보는 것을 발견했고, 게다가 그들은 옷도 얇게 입었다. 알고 보니 지원은 잘못 들은 것이다. 일기예보에서는 베이징이 눈이 온다고 했다. 현재 베이징은 기온이 이미 영하로 떨어졌는데, 상하이는 여전히 따뜻하다.

听一听 🔊 정답 → 123쪽

① 智媛要在上海旅行一个月。(×)
② 智媛戴上了帽子。(○)
③ 智媛发现行人穿得一点儿也不少。(×)
④ 今天北京的气温已经零下了。(○)

语法 정답 → 124~125쪽

1 ① 他一点儿也不胖。
　② 我一点儿也不累。

2 ① 从下个星期起上班。
　② 从10点起睡觉。

3 ① 如果下雨的话, 我们就不去爬山了。
　② 你不去的话, 我也就不去了。

练习 정답 → 126~127쪽

1 ① ×　　　② ×　　　③ ○　　　④ ×

녹음 원문

① 听天气预报说明天会下雪, 那开车上班很不方便。
② 他今天忙死了, 连面包也没吃。
③ 从明天起一直是晴天, 气温也会上升。
④ 明天下雨的话, 我们就在家休息休息吧。

2 ① 最近北京和首尔一直下雨。
　② 首尔是从上周末开始下雨的。
　③ 首尔天气好的话, 朋友就去海边玩儿。

3 ① 我的行李不多 / 不重
　② 我逛了两个小时 / 没买
　③ 今天温度很高 / 不冷

4 ① 这家咖啡厅从明天起开门。
　② 堵车的话, 我们就坐地铁吧。
　③ 最近我的运气遭透了。

10 我对吃比较感兴趣。

나는 먹는 것에 관심이 좀 있어요.

主要句子 해석 → 130쪽

1 나는 요리를 하는 것에 관심이 있어요.
　나는 온라인 게임에 관심이 있어요.
　나는 중국 문화에 관심이 있어요.

2 내 취미는 당신과 비슷해요.
　베이징의 기온은 서울과 비슷해요.
　양고기의 가격은 소고기와 비슷해요.

3 그녀는 연기가 좋을 뿐만 아니라 예쁘게 생겼어요.
　그는 똑똑할 뿐만 아니라 성실하기도 해요.
　이 식당은 요리가 맛있을 뿐만 아니라 서비스가 친절해요.

④ 我对看书很感兴趣

会话

#1 해석 ➔ 132쪽

동건　쉴 때, 넌 보통 무엇을 하니?

샤오링　별거 없어. 친구랑 같이 차를 마시거나, 수다를 떨어.

동건　듣자 하니 너 요리를 꽤 잘한다던데.

샤오링　뭘. 나는 단지 요리하는 것에 관심이 있을 뿐이야.

동건　내 취미와 비슷하네.

샤오링　그래? 너도 요리할 줄 알아?

동건　전혀 할 줄 몰라. 나는 먹는 것에 관심이 있어.

说一说 🔈 정답 ➔ 132쪽

참고 답안

① 她休息的时候一般和朋友一起喝喝茶、聊聊天儿。

② 她对做菜感兴趣。

③ 我对唱歌感兴趣。

#2 해석 ➔ 133쪽

하오민　너 영화 보는 거 좋아해?

지원　좋아해, 나는 한국 영화 보는 것을 좋아할 뿐만 아니라 중국 영화 보는 것도 좋아해.

하오민　너는 어느 중국 배우를 좋아하니?

지원　탕웨이. 그녀는 연기가 좋을 뿐만 아니라 게다가 예쁘게 생겼어.

하오민　그녀는 정말 많은 사람의 여신이구나!

说一说 🔈 정답 ➔ 133쪽

참고 답안

① 她不但喜欢韩国电影，而且还喜欢中国电影。

② 因为汤唯不但演技不错，而且长得也很美。

③ 我喜欢玄彬。他不但演技不错，而且长得很帅。

＊ 玄彬 Xuánbīn 인명 현빈

看和说 정답 ➔ 134쪽

① 我对听音乐很感兴趣

② 我对看电影很感兴趣

③ 我对画画儿很感兴趣

课文 해석 ➔ 135쪽

하오민과 지원은 반년 넘게 사귀었다. 지원은 원래 축구에 그다지 관심이 없다. 그러나 하오민이 축구광이라 축구 경기를 자주 본다. 그래서 가끔 지원은 하오민을 데리고 가서 같이 본다. 그런데 지원의 가장 큰 취미는 쇼핑을 하는 것이다. 지난 주말 한국 팀의 경기가 있어서, 하오민은 먼저 지원을 데리고 왕푸징에 가서 많은 옷을 사고 난 후, 그들은 같이 축구 경기를 보러 갔다. 경기는 아주 멋있었고, 그들 모두 기분이 좋았다.

听一听 🔈 정답 ➔ 135쪽

① 浩民和智媛在一起六个多月了。(○)

② 智媛原来对足球很感兴趣。(×)

③ 上个周末他们先看球赛，然后去买衣服了。(×)

④ 上个周末的球赛很精彩。(○)

语法 정답 ➔ 136~137쪽

1 ① 我对化妆不感兴趣。

　② 你对篮球有兴趣吗？

　③ 我的小狗对你很有兴趣。

2 ① 我的个子跟姐姐差不多。

　② 苹果的价格跟香蕉一样。

　③ 今天气温跟昨天差不多。

3 ① 他不但会说英语，而且也会说日语。

　② 这个房子不但很大，而且租金便宜。

　③ 不但张老师来，而且李老师也来。

练习 정답 ➔ 138~139쪽

1 ① ×　　② ×　　③ ○　　④ ○

녹음 원문

① 休息的时候，我一般躺着看看书。

② 我喜欢吃妈妈做的中国菜。

③ 这套房子不但租金不贵，而且没有押金。

④ 这件衣服的颜色跟那件差不多，但是质量更好。

2 참고 답안

我原来对电影 / 唱歌 / 足球 / 京剧 / 棒球 / 网球不太感兴趣，可是我的朋友是个电影 / 歌 / 足球 / 京剧 / 棒球 / 网球迷。

有时候我会陪他一起看电影 / 唱歌 / 踢足球 / 听京剧 / 看棒球 / 打网球，现在我也成了一个电影 / 歌 / 足球 / 京剧 / 网球 / 棒球迷了。

3 ① 爱听中国歌 / 爱唱中国歌
② 不下雨 / 不刮风
③ 会打篮球 / 打得很好

4 ① 我对中国文化很感兴趣。
② 这双鞋的价格跟那双不一样。
③ 我做的工作跟你的差不多。

你怎么还没来?
당신은 왜 아직도 안 왔어요?

主要句子 해석 ➤ 142쪽

1 너는 당연히 일찍 출발해야 한다.
식사하기 전에는 당연히 손을 씻어야 한다.
부모는 당연히 아이를 교육해야 한다.

2 그는 매번 늦을 때마다 이유가 있다.
그는 매번 나갈 때마다 핸드폰을 지니지 않는다.
그는 매번 방학 때마다 여행을 간다.

3 출발하지 않으면 늦을 거예요.
먹지 않으면 식을 거예요.
운동하지 않으면 병이 날 거예요.

会话

#1 해석 ➤ 144쪽

지원　여보세요? 벌써 몇 시야? 너 왜 아직도 안 오는 거야?

하오민　5분만 기다려. 금방 곧 도착해.

지원　5분을 또 기다려야 한다고? 난 벌써 한참이나 기다렸어.

하오민　이 시간에는 차가 막히는 거 너 모르니?

지원　그러면 너는 당연히 일찍 출발 했어야지.

하오민　내 알람 시계가 망가져서, 아침에 울리지 않아 늦게 일어난 거야.

지원　너 말이야, 매번 늦을 때마다 이유가 있구나.

说一说 정답 ➤ 144쪽

참고 답안

① 他说五分钟后到。
② 因为他的闹钟坏了，早上没响。
③ 我可以等朋友等一整天。

#2 해석 ➤ 145쪽

지원　벌써 7시야. 출발하지 않으면 늦고 말 거야.

하오민　늦지 않아, 서두르지 마.

지원　동건이는 30분 전에 이미 출발했어.

하오민　동건이는 집이 좀 멀잖아, 일찍 출발하는 게 당연하지.
게다가 음악회는 8시에야 시작하잖아!

지원　정말 너를 어찌할 방법이 없구나!

하오민　됐다. 준비 다 했어.

说一说 정답 ➤ 145쪽

참고 답안

① 他们要去听音乐会。
② 他觉得还来得及。
③ 我经常迟到。

看和说 정답 ➤ 146쪽

① 你应该穿连衣裙
② 你应该买戒指
③ 你应该每天锻炼
④ 你应该换一个新款式的车

课文 해석 ➤ 147쪽

지원이 막 하오민을 알았을 때, 매번 데이트할 때마다 하오민은 시간이 정확했다. 그러나 최근 왜 그런지는 모르겠지만 하오민은 자주 늦는다. 시간이 제일 긴 한 번은 지원이 하오민을 40분이나 기다렸다. 하오민은 늦게 올 때마다 항상 자신만의 이유가 있었고, 게다가 매번 달랐다. 지원은 하오민이 나쁜 습관을 가지고 있음을 안다. 늦잠을 자는 것이다. 그러나 원래 안 그랬는데 왜 지금은 이렇게 변했을까?

听一听 🎧 정답 → 147쪽

① 以前约会时，浩民都很准时。(○)
② 浩民最近迟到时总有理由。(○)
③ 智媛有睡懒觉的习惯。(×)
④ 浩民等了智媛四十分钟。(×)

语法 정답 → 148~149쪽

1 ① 你不应该把电脑借给他。
  ② 你昨天不应该喝酒。
  ③ 你应该跟她说清楚。

2 ① 再不起床就要迟到了。
  ② 再不努力就失败了。

3 ① 来不及   ② 来得及

练习 정답 → 150~151쪽

1 ① ○   ② ○   ③ ×   ④ ○

> 녹음 원문
> ① 我每天睡懒觉，所以总是没时间吃早饭。
> ② 再不打车去就赶不上火车了。
> ③ 下课后，我等了他一个小时，结果也没见到他。
> ④ 这个时间经常堵车，你应该提前一点儿出发。

2 참고 답안
  我知道我有一个坏习惯，那就是玩儿游戏 / 抽烟 / 暴饮暴食。
  我应该少玩儿游戏 / 戒烟 / 少吃点儿，但是我做不到 / 做不到 / 做不到。
  我真拿自己没办法。

3 ① 不找他 / 见不到
  ② 不进去 / 关门
  ③ 不打的 / 赶不上

4 ① 她每次去旅行都带孩子。
  ② 现在去超市来不及了。

③ 你应该把这件事儿告诉我。또는 你应该告诉我这件事儿。

12 你想做什么工作?
당신은 무슨 일을 하고 싶어요?

主要句子 해석 → 154쪽

1 당신이 버는 돈은 많지 않아요?
  그가 쓴 글자는 매우 예쁘지 않아요?
  이번 휴가는 아주 길지 않아요?

2 1인 미디어는 회사원보다 더 수월해요.
  베이징은 광저우보다 더 추워요.
  그의 월급은 나보다 더 많아요.

3 수월한 것 외에 자유롭기도 해요.
  똑똑한 것 외에 귀엽기도 해요.
  조용한 것 외에 깨끗하기도 해요.

会话

#1 해석 → 156쪽

원원 동건 오빠, 어디에서 일해?
동건 한 대기업에서 일해, 지금은 1인 미디어를 준비해.
원원 대기업에서 일하면 버는 돈이 꽤 많지 않아?
동건 버는 돈이 많긴 많은데, 자주 야근을 해서 아주 힘들어.
원원 그건 그래. 1인 미디어가 회사원보다 더 수월하지.
동건 원원, 너는 앞으로 무슨 일을 하고 싶니?
원원 나는 스튜어디스나 배우가 되고 싶어.

说一说 🎧 정답 → 156쪽

참고 답안
① 他在一家大公司工作。
② 他的工作赚的钱很多，不过经常加班，很辛苦。
③ 我想当消防员。

 # 2 해석 → 157쪽

학우 올해 저녁 행사는 작년보다 떠들썩하구나.

지원 그러게. 맞다, 너의 새해 소원은 뭐니?

학우 내 가장 큰 소원은 대통령이 되는 거야.

지원 너 취했어?

학우 하하, 농담한 거야.
나는 가족과 친구 모두가 건강하고 평안하기를 바라.

지원 내 새해 소원도 너와 같아.

说一说 정답 → 157쪽

참고 답안

① 今年的晚会比去年热闹多了。

② 她希望家人和朋友都健健康康、平平安安。

③ 我的新年愿望是找到好工作。
[또는] 我希望家人都很幸福。

看和说 정답 → 158쪽

① 哥哥的成绩比妹妹高多了。

② 姐姐比妹妹起得早多了。

③ 小英的词典比安娜的厚多了。

④ 妈妈比爸爸忙多了。

课文 해석 → 159쪽

동건은 한 유명한 회사에서 일한다. 그의 월급은 많지만, 자주 야근을 하고, 매일 10시간 이상 일을 해야만 한다. 어떤 때는 주말에도 쉴 수 없다. 동건은 매우 힘들다고 생각해서, 1인 미디어가 되기로 결정했다. 1인 미디어는 수월한 것 외에 일하는 시간도 자유롭다. 그러나 1인 미디어는 회사원에 비해 일이 안정적이지 않다.

听一听 정답 → 159쪽

① 东建赚的钱比较多。(○)

② 东建的工作很少加班。(×)

③ 东建觉得工作很辛苦。(○)

④ 自媒体人除了轻松以外，还稳定。(×)

语法 정답 → 160~161쪽

1 ① 这不是你的大衣吗？
② 她不是不喜欢吃鱼吗？

③ 我不是把书放在桌子上了吗？

2 ① 这次假期比上次多两天。
② 这件衣服比那件漂亮多了。

3 ① 除了我以外，我们班别的同学都是中国人。
② 他除了苹果和梨，还买了香蕉和橘子。

练习 정답 → 162~163쪽

1 ① ○　　② ×　　③ ○　　④ ×

녹음 원문

① 晚上你不是要参加晚会吗？怎么还没出去？

② 我以后想开一家公司，自己当老板。

③ 他的工资是九千块，我的工资是八千九百块。

④ 这份工作不但可以赚很多钱，而且很稳定。

2 ① 他们最想做的工作是公司职员。
② 想当公务员的学生没有想当公司职员的多。
③ 想当老师的学生比想当医生的多十名。

3 ① 玩儿网络游戏 / 整天什么事儿也不干。
② 我(不知道这件事) / 别人也都不知道这件事。
③ 喜欢弹吉他 / 喜欢做运动

4 ① 妈妈做的菜比我做的好吃多了。
② 我想当运动员或者警察。
③ 周末你不是有约会吗？

복습 02

실력 테스트 정답 → 170~172쪽

1　① 下降 / xiàjiàng / 내려가다
　　② 预报 / yùbào / 예보(하다)
　　③ 精彩 / jīngcǎi / 멋지다, 훌륭하다
　　④ 迟到 / chídào / 지각하다
　　⑤ 热闹 / rènao / 번화하다, 왁자지껄하다

> **녹음 원문**
> ① 下降　　② 预报　　③ 精彩
> ④ 迟到　　⑤ 热闹

2　① B　　② C　　③ A　　④ D

> **녹음 원문**
> ① A 你会打高尔夫球吗?
> 　 B 我学打高尔夫球学了半年了，但是现在还是打得不好。
> ② A 你对这份工作感兴趣吗?
> 　 B 感兴趣，我现在准备当空姐。
> ③ A 我的闹钟坏了，早上没响，所以我起晚了。
> 　 B 你呀，每次迟到都有理由。
> ④ A 明天不是有考试吗? 你怎么还在玩儿游戏呢?
> 　 B 有是有，不过我现在不想学习。

3　① 要是
　　② 把
　　③ 差不多
　　④ 应该

4　① C　　② A　　③ D　　④ B

5　① 我把围巾放在椅子上了。
　　② 除了唱歌以外，你还对什么感兴趣?

6　**참고 답안**
　　我对爬山很感兴趣。
　　Wǒ duì páshān hěn gǎn xìngqù.

爬山除了对身体好，还很有意思。
Páshān chúle duì shēntǐ hǎo, hái hěn yǒu yìsi.
我爬山爬了一年了。
Wǒ páshān pále yì nián le.
周末天气好的话，我就去爬山。
Zhōumò tiānqì hǎo de huà, wǒ jiù qù páshān.

찾아 보기